VILLANDRY

BESICHTIGUNG DER GÄRTEN

Willkommen in Villandry

In dieser Broschüre stehen alle historischen Informationen, die es Ihnen gestatten werden, von Ihrem Besuch in den Garten Villandrys bestens zu profitieren. Der darin vorhandene Perspektiven-Plan wird Ihnen die Orientierung in den fünf Hektar groBen Gärten erleichtern.

Für alle Besucher, die auch das Schloßinnere besichtigen, ist es am einfachsten, wenn Sie mit dem Schloß beginnen und dann dieses über die Terrassen auf der 2. Etage verlassen, um in die Gärten zu gehen.

Ich empfehle Ihnen, den ganzen, auf dem Plan mit einem punktierte rote Linie gekennzeichneten Rundgang zu machen.

Für eine kürzere Besichtigung können Sie auch direkt mit dem Gemüsegarten beginnen. Sie sollten jedoch aufjeden Fall den Aussichtspunkt nicht versäumen, der Ihnen einen Überblick über alle Gärten gewährt.

Henri Carvallo

H Carvallo

Chateau de Villandry 37510 Villandry France
Tél : 02 47 50 02 09 - Fax : 02 47 50 12 85
E-mail : villandry@wanadoo.fr

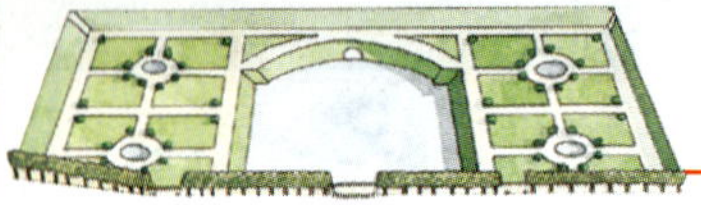

Der Wassergarten

Zuletzt befindet sich oberhalb des Ziergartens am äußersten südlichen Ende des Besitzes der Wassergarten. Er ist vom klassischen Stil inspiriert, um ein großes Wasserbecken in Spiegelform Ludwig XV. angeordnet und von einem grün bepflanzten Kreuzgang umgeben. Dies ist der ideale Ort, um sich auszuruhen oder nachzudenken.

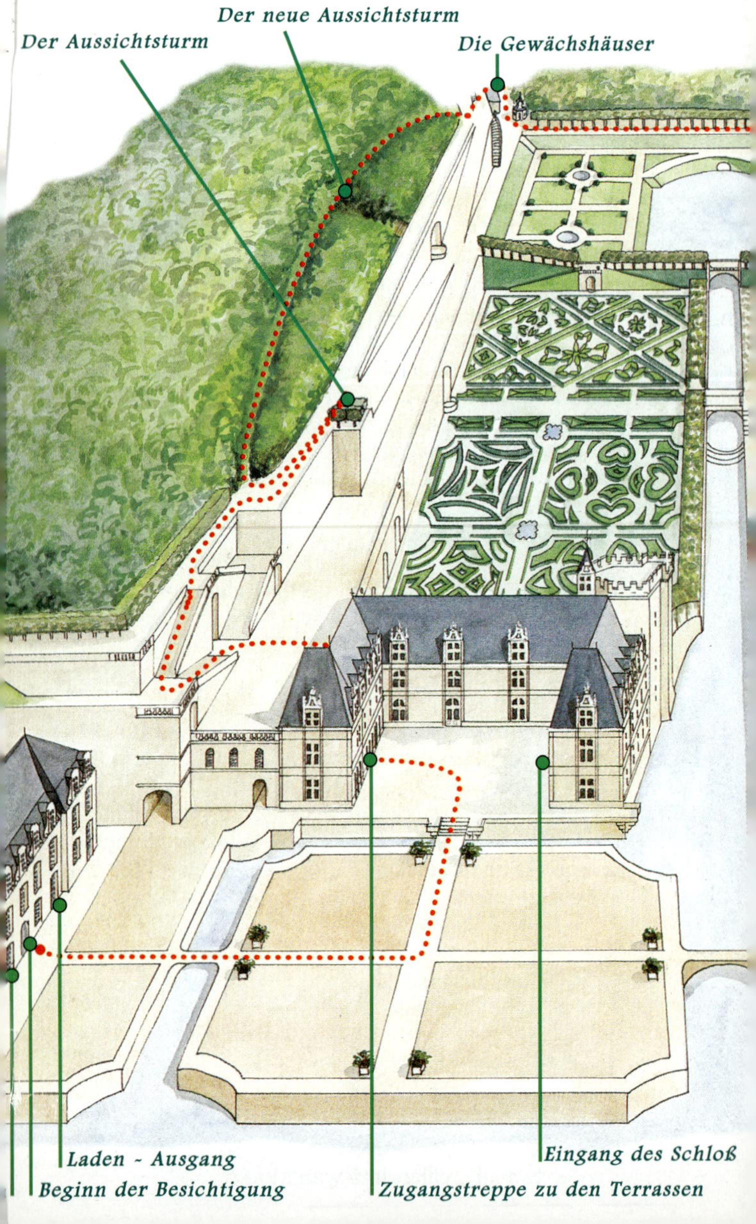

Die Schlossarchitektur und der Schlosshof

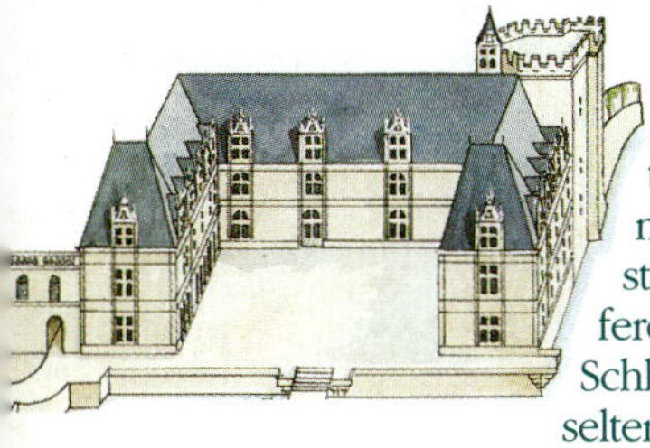

Bogengalerien, von reich verzierten Pilastern umgebene Fenster mit Kreuzen, hohe Dachfenster mit gemeisselten Dreiecksgiebeln, steile und gross bemessene Schieferdächer bilden den Rahmen eines Schlosshofes mit Proportionen von seltener Eleganz.

Der Architekt hat hier mit Zurückhaltung viele Geheimnisse eingesetzt, um den Eindruck der Eintönigkeit zu verhindern, den eine zu strenge Einhaltung der Symmetrie oft dem Auge bietet : die Fassaden spiegeln sich in den Burggräben wieder, die von den Gebäuden gebildeten Winkel sind leicht spitz oder stumpf, die Flügel haben nicht ganz dieselbe Länge, die Mittelfensterflucht liegt nicht genau in der Mitte des Hauptgebäudes, das Schattenspiel an den verschiedenen Tageszeiten ist genau berechnet... Das Schloss und die Gärten sind zwei Stunden vor Sonnenuntergang am Schönsten.

In Villandry, das doch Azay-le-Rideau ganz nah ist und fast aus der gleichen Zeit stammt, fehlen der italienische Einfluss und die Erinnerungen an das Mittelalter wie dekorative Türmchen und Pechnasen fast ganz und machen einem einfacheren, völlig französischen Stil Platz, der mit seiner Dachform Anet, Fontainebleau und den späteren Stil Heinrichs IV. ankündigt.

Die Originalität von Villandry liegt nicht nur in einer neuen Bauform : sie liegt auch in der Art, in der die Landschaft genutzt wurde, um dort in voller Harmonie mit Natur und Stein Gärten von bemerkenswerter Schönheit anzulegen. Ein kleines, von einem Bach durchzogenes Tal fällt vom Plateau aus nach Süden ab. Sein Hang erlaubte es, drei Gartenstufen terrassenförmig anzulegen.

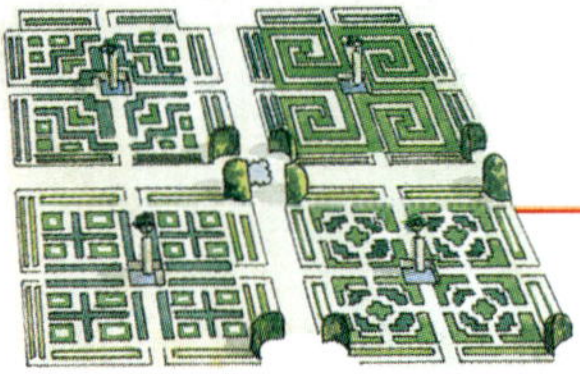

Der Gemüsegarten

Zwischen dem Schloß und dem Dorf liegt der Renaissance-Gemüsegarten. Er besteht aus neun Quadraten gleicher Größe, in denen aber die geometrischen Muster alle unterschiedlich sind.

Diese Quadrate sind mit Gemüsesorten bepflanzt, deren Farben sich untereinander abwechseln (Blau des Lauchs , Rot des Kohls und der roten Beete, Jadegrün des Karottenkrauts), um die Illusion eines vielfarbigen Schachbretts zu erwecken.

Der Ursprung des Gemüsegartens geht auf das Mittelalter zurück. Die Mönche in ihren Klostern liebten es nämlich, ihr Gemüse nach geometrischen Formen anzuordnen. Die zahlreichen Kreuze des Gemüsegartens von Villandry erinnern an diesen klösterlichen Ursprung. Außerdem verschönte der Mönch sein Beet durch hochstämmige Rosenstöcke, die - symmetrisch gepflanzt - nach einer alten Tradition den Mönch beim Umgraben seines Gemüsebeetes symbolisieren.

Der zweite Einfluß kommt aus Italien und sorgt für die Verzierung dieses klösterlichen Gemüsegartens : Fontänen, Gartenlauben und Blumenbeete.

Die französischen Gärtner des 17. Jahrhunderts kombinierten diese beiden Inspirationen französischen und italienischen Ursprungs, um einen Gärten anzulegen, den sie für die Rosen und die neuen, aus Amerika stammenden Gemüsesorten benötigten und den dekorativen Gemüsegarten nannten. Ihre Werke sind von Androuet du Cerceau beschrieben worden, und Joachim Carvallo ließ sich beim Entwurf des Gemüsegartens davon inspirieren.

Hier nun einige technische Informationen über diesen Gemüsegarten :

Jedes Jahr wird zweimal für mehrere Monate angebaut : einmal im Frühling (März bis Juni) und einmal im Sommer (Juni bis November). Ungefähr vierzig Gemüsearten, die 8 botanischen Familien angehören, werden jedes Jahr verwendet. Sie finden hier keine Kartoffeln, die in einem Gärten des 16. Jahrhunderts ein Anachronismus wären. Die Anordnung dieser Gemüsesorten wird bei jedem Anbau erneuert, wobei einerseits die Harmonie der Farben und der Formen und andererseits die Gartenbauregeln berücksichtigt werden, die alle drei Jahre einen Fruchtwechsel erfordern, damit der Boden nicht ausgelaugt wird. Der Gärten verfügt über ein unterirdisches Bewässerungssystem.

vollständigen Rundgang

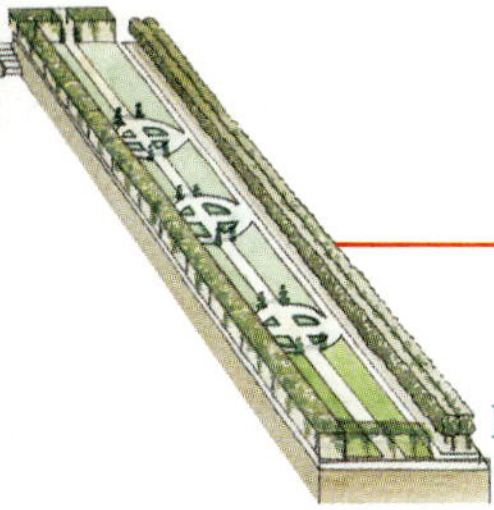

Der Heilkräuter-garten

Zwischen dem Gemüsegarten und der Kirche befindet sich, wie in allen Gärten des Mittelalters, der Heilkräutergarten, welcher den Gewürzen, Kräutern und Heilkräutern gewidmet ist. Unser Gärten enthält etwa dreißig Arten dieser wohltuenden Pflanzen, die für unsere Vorfahren einen unerläßlichen Teil ihres Familienleben ausmachten.

Drei neue Gärten

Die allgemeine Struktur des Gartens wurde zu Anfang des Jahrhunderts angelegt. Nichtsdestoweniger haben vor kurzem durchgeführte Arbeiten es ermoglicht, neue sehenswerte Orte zu schaffen :

- Der Spaziergang durch den Wald bietet Ihnen besonders schöne Aussichtspunkte auf die Gärten, das Dorf und das Tal, denn der Weg überragt in mehr als 30 Metern Höhe sämtliche Gärten.
- Entdecken Sie am Ende dieses Spaziergangs die um die Gewächshäuser angeordneten Terrassengärten sowie den wirklich sehr schönen Pavillon aus dem XVIII. Jahrhundert.
- Der Garten für Kinder bieten den Jüngsten einen Spielplatz und ermöglicht Ihnen, die Esel von Villandry zu begrüßen.
- Dazu wurde kürzlich noch ein Laubenlabyrinth eröffnet. Der Plan zeigt Ihnen, wie Sie zu den Garten kommen.

Einige technische Beispiele

Diese Gärten stellen sehr viel Arbeit dar. Einige Beispiele der auszuführenden Arbeiten: Beschneiden der 1260 Linden, die den Garten umgeben. Diese Arbeit ist beträchtlich, denn sie erfolgt von Hand und nimmt vier Monate lang vier Personen voll in Anspruch. Die Buchsbäume der gesamten Gartenanlage stellen ein Länge von 52 km dar. Sie werden jedes Jahr im September und ihm Oktober beschnitten. Das Unkraut wird ausschließlich von Hand entfernt, weil die Wurzeln der Buchsbäume sehr empfindlich sind. Jedes Jahr werden 250.000 Blumen und Gemüsesetzlinge in Gewächshäusern gezogen und anschließend in den Gärten angepflanzt. Jedes Jahr werden bedeutende.

Restaurationsarbeiten in Villandry unternommen. Zu den Hauptarbeiten gehören : Der Westflügel des Schlosses, der gerade vollständig erneuert wurde, die Gartenlauben, die 1998 völlig erneuert werden, der Ostflügel des Schlosses, der 1999 und 2000 renoviert werden wird sowie die Erneuerung der gesamten südlichen Teile des Gartens (Mauern der Alleen, Linden, Wasserbecken) ab 2000.

Wenn Sie zusätzliche Auskünfte möchten, so finden Sie in der Pförtnerwohnung zwei illustrierte Broschüren mit zahlreichen Photos sowie zwei kleine Bücher :

- **Villandry und seine Gärten :** (Geschichte und allgemeine Beschreibung).
- **Die Gärten von Villandry** : (die Techniken und Pflanzen).
- **Joachim Carvallo et Villandry** (Joachim Carvallo und Villandry) : in diesem kleinen Buch finden Sie die vom Doktor Carvallo hinterlassenen Texte über sein Werk und seine Philosophie.
- **Il était une fois Villandry...** (Es war einmal Villandry ...) : Geschrieben von der Tochter des Doktor Carvallos, die mit Humor auf liebevolle Weise ihr Alltagsleben als Kind in Villandry sowie die von ihren Eltern hinterlassene Botschaft beschreibt, die für sie in einer Art Märchen lebten.
- **Villandry, der Garten des Glücks** : Kartoniertes Buch, in dem Photographien und Text vereint sind.

Der Ziergarten

Er befindet sich oberhalb des Gemüsegarten und stellt die Verlängerung der Salons des Schlosses dar. Vom Belvedere aus hat man eine gesamtansicht. Wir beschreiben ihn von dort aus. Die ersten vier Quadrate direkt vor uns haben eine symbolische Bedeutung. Sie bilden die "Gärten der Liebe"

"**Die zärtliche Liebe**", symbolisiert durch Herzen, die durch die Flammen der Liebe in den Ecken getrennt sind. In der Mitte Masken, die man auf den Bällen trug und die alle ernsten oder oberflächlichen Gespräche erlaubten.

"**Die leidenschaftliche Liebe**" Auch hier haben wir Herzen, aber dieses Mal sind sie an der Leidenschaft zerbrochen. Die Buchsbaumreihen sind ineinander verschlungen und bilden ein Labyrinth, das gleichzeitig die Bewegungen Tanzender herauf beschwört.

"**Die unbeständige Liebe**", in dem die vier Fächer in den Winkeln die Oberflächlichkeit der Gefühle symbolisieren. Zwischen den Fächern sieht man die Hörner der betrogenen Liebe und in der Mitte die Liebesbriefe oder Billet doux, die die unbeständige Dame ihrem Geliebten zukommen ließ. Die Hauptfarbe ist gelb, Symbol der betrogenen Liebe.

"**Tragischen Liebe**" hier stellen die Buchsbaummuster Dolch und Schwertklingen dar, welche in den Duellen der Rivalität um die Liebe der Frauen benutzt wurden. Im Sommer blühen rote Blumen und stellen symbolisch das während dieser Kämpfe vergossene Blut dar. Es handelt sich um die Heraufbeschwörung der "tragischen Liebe".

- Links in der Mitte, ein leicht erkennbares Muster "**das Malteserkreuz**". Dahinter rechts das Kreuz der Languedoc-Gegend und links das des Baskenlandes und schließlich, sehr stilisiert am Schloßgraben entlang, die Lilien.

Auf der anderen Seite des Kanals liegt der zweite Buchsbaum-Salon, der auf symbolische Weise an die Musik erinnert. Die großen Dreiecke stellen Lyren dar, neben denen man Harfen sieht. Zwischen den Lyren findet man Kerzenhalter zum Beleuchten der Partituren.

Kurzer geschichtlicher überblick über Villandry

Villandry, das 1536 beendet wurde, ist das letzte der großen Schlösser, die in der Renaissance-Epoche an den Ufern der Loire gebaut wurden. Villandry wurde von einem Finanzminister von Franz I., Jean le Breton, erbaut, dessen Wappen auf der Rundung der linken Lukarne zu sehen sind. Im Auftrag der Krone hat er jahrelang den Bau von Chambord überwacht und geleitet (in dessen Nähe er eine Miniatur wiedergabe von Vilandry errichten liess : Villesavin). Zuzor war er Gesandter in Italien gewesen, wo er in aller Ruhe die Gartenkunst hatte studieren können.

Um das aktuelle Schloß zu bauen, ließ Jean le Breton eine alte Festung aus dem 12. Jahrhundert niederreißen, von der nur noch die Fundamente und der Burgfried blieben, deren Existenz man hinter dem Schloßhof errät. "Der Frieden von Colombiers" (Name von Villandry im Mittelalter) wurde am 4. Juli 1189 in dieser Festung unterzeichnet, und Heinrich II. Plantagenêt, König von England, erkannte dort vor Philipp-August, König von Frankreich, seine Niederlage an. Dieser Friedensschluß stellt eine wesentliche Etappe des Triumphes der Kapetinger Monarchie über die Lehnsherren dar, zu denen allen voran die Plantagenets gehörten, deren riesiger französischer Grundbesitz die Normandie, die Bretagne, die Maine-Gegend, die Touraine, das Poitou und Aquitanien (infolge der Heirat von Henri II. mit Alinéor d'Aquitaine) umfaßte.

Die Nachkommen von Jean le Breton behalten Villandry bis 1754. In diesem Jahr wird der Marquis von Castellane, der Botschafter des Königs ist und aus einer sehr berühmten Familie des provenzalischen Adels stammt, Besitzer des Schlosses. Er ließ die Nebengebäude im klassizistischen Stil bauen, die Sie auf beiden Seiten des Vorhofes sehen können. Er renovierte die Innenausstattung des Schlosses, indem er diese den Komfortnormen des 18. Jahrhunderts anpassen ließ, die denen unserer Epoche ähnlicher sind als denen der Renaissance.

Im XIX. Jahrhundert wurde der traditionelle Garten zerstört und durch die Schaffung eines um das Schloß gelegenen englischen Parks ersetzt (im Stil des Parc Monceau in Paris).

1906 wird das Schloß vom Doktor Joachim Carvallo gekauft, der 1869 in Spanien geboren wurde und der Urgroßvater des heutigen Eigentümers ist. Er gab eine brillante wissenschaftliche Karriere an der Seite von Professor Charles Richet - Nobelpreisträger 1913 - auf, um sich völlig Villandry zu widmen. Er rettete so das Schloß vor dem drohenden Abbruch und gestaltete in Harmonie mit dessen Renaissancestil die Gärten, die wir heute bewundern können. Joachim Carvallo war ebenfalls 1924 der Gründer der "Demeure Historique", der ersten Vereinigung von Besitzern historischer Schlösser. Er war ein Wegbereiter für das Öffnen dieser Monumente für Besucher.

château d'Angers
monument national

château d'Angers

geschichte

deutsch

Ein Symbol der königlichen Autorität

Im 9. Jh. errichtet der Graf von Anjou angesichts der normannischen Bedrohung einen Warnposten auf der Bergschulter über dem Fluss Maine. 300 Jahre später, nach einigen zielbewussten Eheschließungen, herrscht die angevinische Dynastie der **Plantagenêt** von den Pyrenäen bis Schottland. 1204 erobert der frz. König Philipp Augustus den Festland-Besitz der Plantagenêt, also auch das Anjou. Nach seinem Tod erhebt sich der Herzog von Bretagne mit englischer Unterstützung gegen den jungen König **Ludwig d. Heiligen.** In aller Eile wird im Anjou ein mächtiger Mauerring errichtet, um die königlichen Truppen dorthin zu konzentrieren. 1246 fällt das Anjou an Karl I., Bruder Ludwigs d. Heiligen. Die nächste Dynastie, abstammend von einem Bruder Karls V., die 1360 ein Herzogsgeschlecht wird, verschönert die ehemalige gräfliche Burg. Die aufgeklärten Prinzen und Kunstliebhaber **Ludwig I.**, **Ludwig II.** und **König René** führen hier ein glänzendes Hofleben zwischen den Kämpfen, in denen sie ihre entfernten Besitzungen verteidigen. Zu diesem Zeitpunkt bestellt Ludwig I. die berühmte Wandbespannung der Apokalypse. Ende des 16. Jh., während der Religionskriege, fungiert die Burg als königliche Festung: ihr Gouverneur, **Donadieu de Puycharic**, modernisiert - gegen den Willen der angevinischen Herrscher, die Verteidigungsanlangen. Dann kommt der Niedergang, und die Festung dient nur noch als Bollwerk.

Festung

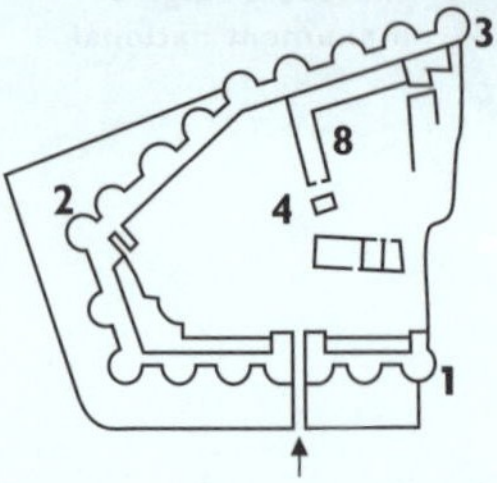

Eine uneinnehmbare Festung

Die Besichtigung beginnt am **Mühlenturm •1•**, dem höchsten Turm, der Ende des 16. Jh. eine Windmühle trug. Der Aufstieg ist steil, doch der Rundblick auf die Stadt, den Fluss und die Gesamtanlage der Burg ist die Mühe wert. Als Wartturm überragte er die Maine um über 40 m.

Die Ringmauer lässt sich auf dem Wehrgang begehen, der Ende des 16. Jh., nach dem Kappen der Türme, eingerichtet wurde. Diese waren zuvor rund zehn Meter höher gewesen und hatten ein steinernes Schilderhaus mit schiefergedecktem Pfefferbüchsendach* getragen. Rechts liegen die zu Gärten umgewandelten **Befestigungen** von Donadieu de Puycharic, der die ehemaligen Zwischenfassaden* von Ludwig d. Heiligen verstärken ließ: im Norden ein Erdwall, gehalten von einer Stützmauer, um den Aufprall der von der Stadt kommenden Artilleriegeschoße aufzufangen; auf der Südfront, die aufs Land ging, eine einfache Böschung. In der Folge betritt man über einige Stufen die Terrasse des **Feldtors •2•**, das über den Gärten der Gräben aufragt und wieder einen interessanten Blick auf Burg und Stadt bietet. Der Wehrgang führt bis zur **Plattform •3•** über der Maine. Zur Kapelle kehrt man um und nimmt die Böschung entlang einen angenehmen, schattigen Weg, dann kommt man am **Châtelet •4•** vorbei, das mit seiner asymmetrischen Architektur und den Ecktürmchen über Strebepfeilern mit spitzen Pfefferbüchsendächern und dekorativen Motiven etwas Pittoreskes an sich hat. Durch die Eingangshalle gelangt man zur **Galerie der Apokalypse •8•**.

* **Pfefferbüchsendach**
Konisches Dach, typisch für die Türme frz. Schlösser und Burgen.

* **Zwischenfassade**
Verbindungsmauer zwischen zwei Türmen oder Bastionen.

rundgang

Festung und höfisches Schloss

Zwei Baustile - Burg und Schloss - sind hier ineinander verflochten: der Wehrbau Ludwigs d. Heiligen mit schroffen Türmen und massivem Mauerring, und das höfische Schloss der angevinischen Dynastien mit eleganten Bauten und angenehmen Gärten.

Als vorgeschobene **Zitadelle** der königlichen Macht gegenüber dem Herzogtum Bretagne bildet die Festung Ludwigs d. Heiligen, die sich über mehr als 20 000 m² erstreckt, eine militärische Anlage ohnegleichen. Den Mauerring flankieren 17 eng zusammengerückte, rund 30 m hohe und 18 m breite Türme mit Bogenschießscharten über drei oder vier Niveaus, die Ende des 16. Jh. durch Kanonenschießscharten ersetzt wurden. Noch massiger wirkt der Komplex durch die abwechselnde Verwendung von dunklem Schiefer und weißem Kalkstein. Um 1592 werden die Mauern innen von einem dicken Erdwall verstärkt. Beide Tore, Stadt- und Feldtor, sind mit einem doppelten Fallgatter und darüber einem Totschläger bewehrt.

Das **Residenzschloss** der Herzöge von Anjou ist im Schutz dieser mächtigen Mauern um den Herrenhof angeordnet. Erhalten sind die Aula, großer Fest- und Zeremoniensaal des ehemaligen gräflichen Schlosses, mit dem romanischen Tor und den im 14 Jh. umgestalteten Fenstern, das königliche Wohnhaus und die Kapelle, beide Anfang des 15. Jh. erbaut, und das 1450 errichtete Châtelet, über das der Zutritt erfolgte.

Die Galerie der Apokalypse wurde 1952 auf dem Standort anderer, nicht mehr vorhandener Bauwerke, vor allem der ehemaligen Küchenräume, errichtet, um die unermessliche Wandbespannung ausstellen zu können. Damit wurde auch der Herrenhof teilweise wieder hergestellt, gemäß dem damaligen Konzept, mit dem man zeitgenössische Architektur in historische Baudenkmäler zu integrieren suchte.

architektur

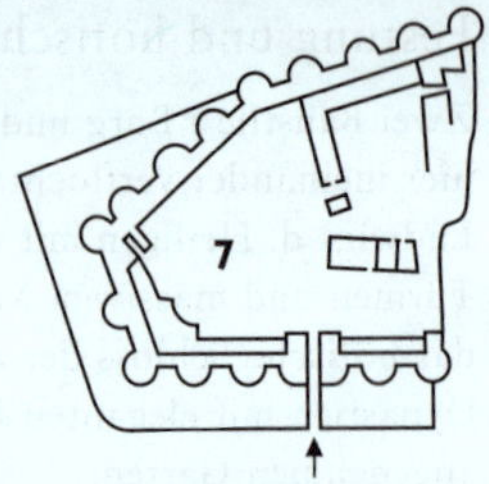

Leidenschaft für Gärten und exotische Tiere

König René ist der ungeheure Aufschwung der Gartenkultur im ausgehenden Mittelalter zu verdanken. Der Nutzgarten, in dem Gemüse, Zierpflanzen, Heil- und Gewürzkräuter, Pflanzen zum Weben, Spinnen oder Färben nebeneinander standen, entsprach allen Bedürfnissen des Alltags. Unter dem Einfluss König Renés aber weicht er allmählich dem Zier- und Vergnügungsgarten, der zum Inbegriff des Raffinements, zum privilegierten Ort für Spiel, Erholung und amouröse Plaudereien avanciert.

Wie in seinen anderen zahlreichen Residenzen im Anjou, in Italien und in der Provence legt René auch in Angers größten Wert auf die Gestaltung seiner Gärten. Beharrlich akklimatisiert er seltene Pflanzenarten, lässt Pavillons, Lauben und Brunnen errichten, Alleen aus ausgesuchten Baumarten, lauschige Wäldchen und Blumenbeete anlegen. Er hat auch ein Faible für exotische Tiere, die er innerhalb des Mauerrings zwischen dem königlichen Wohnhaus und der Zwischenfassade oder in den Gräben halten lässt. Löwen, Leoparden, Dromedare, Hirsche, Wildgänse und diverse Vögel bilden einen regelrechten Tiergarten mit eigenen Tierhäusern, Wärtern und einem erheblichen Nahrungs- und Pflegebedarf.

Verwischt durch vier Jahrhunderte militärischer Aktivität, wurden die **Gartenanlagen ·7·** 1950 im Sinne ihres Begründers wieder hergestellt. Sie veranschaulichen die Blütezeit des angevinischen Hofs zum Ende des Mittelalters. Und auch heute erblickt man in den Gräben wieder einige nicht alltägliche Tiere...

Weiterführende Lektüre:

ANGERS, LE CHÂTEAU
Jacques Mallet
Images du Patrimoine
Inventaire Régional
1991.

LE CHÂTEAU D'ANGERS
Jean Mesqui
Ouest-France 1988.

LA TENTURE DE L'APOCALYPSE D'ANGERS
Cahiers du Patrimoine
Inventaire Régional
1987

Kapelle und königliches Wohnhaus

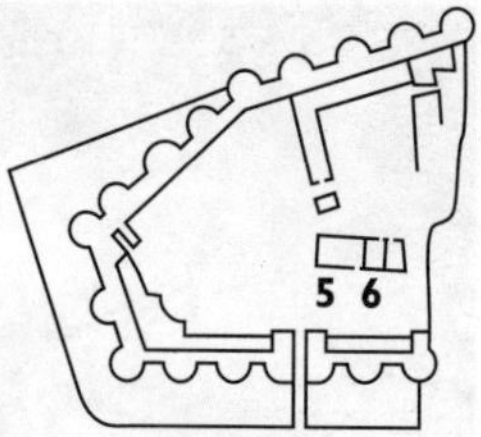

Eine fürstliche Residenz

Die um 1410 von Yolande von Aragon errichtete **Kapelle •5•** besticht durch ihre Helligkeit, die großzügigen Proportionen und die typisch angevinischen kuppelartigen Gewölbe.

Der Zugang erfolgte durch ein Portal mit gegliederter Ausschmiegung und Pilastern*, über denen sich jeweils eine Nische mit vorspringendem Baldachin befindet; diese rahmen das zweiflügelige, spätgotisch geschnitzte Tor ein. Die Prinzen traten direkt vom Herrenhof in die Adelsloge, die über eine Tür und drei gotische einst, mit Zierleisten geschmückte Fenster mit dem Chor verbunden ist. Die Schlusssteine tragen das Wappen von Ludwig II. und Yolande von Aragon, sowie das Kreuz mit zwei Querarmen, das an die Reliquie vom Echten Kreuz erinnert und in der Zeit des Königs René zum Wahrzeichen Lothringens wurde.

Das an die Kapelle anschließende **königliche Wohnhaus •6•** ist der einzige Überrest der Wohngebäude, die in der Zeit Ludwigs II. errichtet wurden. Allerdings musste es - wie die Kapelle - infolge der Schäden des Zweiten Weltkriegs restauriert werden.

1450 ließ René von Anjou eine Gewölbegalerie anbauen, zu der eine Wendeltreppe führte, deren Säulchen in radialen Rippen ausläuft, die sein Motto "En Dieu en soit" tragen. Die Fassade wird von drei Strebepfeilern unterteilt und von rechteckigen Steinbalkenfenstern* aufgelockert.

So konnte der Prinz von seinem Fenster aus den Festen beiwohnen. In den Sälen des 1 Stockwerks, zu denen die Galerie führt, wird heute eine Sammlung von Wandteppichen aus dem 15. und 16. Jh. ausgestellt.

*** Pilaster**
In eine Mauer integrierte, leicht vorspringende flache Säule.

*** Steinbalken**
Steinkreuz, das eine Fensteröffnung in Abschnitte unterteilt.

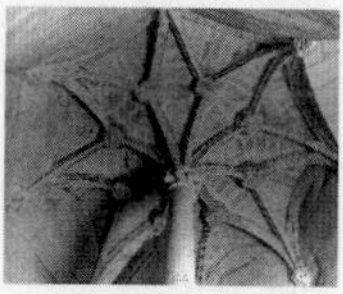

die apokalypse

Der größte Wandteppich der Welt

1373 borgt der französische König Karl V. seinem Bruder **Ludwig I.**, Herzog von Anjou, die Handschrift einer reich bebilderten Apokalypse in französischer Sprache, die den Herzog dazu anregt, "Tuche zu einem Wandteppich mit der Geschichte der Apokalypse" in Auftrag zu geben. Drei Namen stehen auf den Rechnungen: der Maler **Hennequin de Bruges**, der Händler oder Vermittler **Nicolas Bataille** und der Webvorbereiter **Robert Poinçon**. Der "schöne Teppich des Herrn von Anjou", wohl 1382 fertiggestellt, wird aufgrund seiner Abmessungen und der stilistischen und technischen Qualität, die die hohen Ansprüche des königlichen Auftraggebers verraten, sofort als außerordentliches Werk anerkannt. Es handelt sich nicht nur um die Darstellung eines der schwierigsten Texte der christlichen Literatur (letztes Buch der Bibel, Ende des 1. Jh. vom hl. Johannes verfasst), sondern auch um eine reiche Informationsquelle über den sozialen und politischen Kontext des ausgehenden 14. Jh., als noch der Hundertjährige Krieg tobt. Die 103 m lange, 4,50 m hohe und 70 Bilder umfassende Wandbespannung der Apokalypse ist weltweit der älteste Wandteppich in dieser Größe.
Die 1996 neu eingerichtete Galerie präsentiert den Wandteppich unter idealen Erhaltungsbedingungen: Halbdunkel, konstante Temperatur, Luftfilterung. Der blaue Hintergrund lässt die Farben stärker hervortreten. Um die ursprüngliche Leuchtkraft der Farbtöne wahrzunehmen, ist eine Gewöhnungszeit von 10-15 Minuten notwendig.

Château d'Angers
Promenade du bout du Monde
49100 Angers
tél. 02 41 87 43 47
fax 02 41 87 17 50

caisse nationale des
monuments historiques et des sites

3615 monuments
www.monuments-france.fr

Das Schloss von Angers

Jean Mesqui, *Vorsitzender der Société française d'archéologie (französische Gesellschaft für Archäologie,*
in Zusammenarbeit mit Jean Brodeur und Pierre Chevet, *Archäologen bei der französischen Vereinigung für archäologische Ausgrabungen AFAN,*
Francis Muel, *leitender Kulturdenkmalkonservator, und* Laurent Heulot, *Kulturdenkmalkonservator und Verwalter des Schlosses von Angers*

Als dazumal die Schiffer mit ihren Kähnen voll beladen mit Salz aus den Salzgärten von Guérande die Maine flussaufwärts fuhren, sahen sie schon von weitem die mächtige schwarze Burgmauer, die auf dem rauhen Felsen thronte. Das Schloss von Angers war nicht nur der schützende Wächter der Stadt, sondern sorgte auch flussaufwärts für Sicherheit. Doch hat die Schlossanlage an Pracht eingebüßt: Der Burggraben musste urbanen Verkehrsachsen weichen und zwischen die Maine und den Burgfelsen hat sich ein stark befahrener Boulevard gedrängt; die Türme wurden bereits vor langer Zeit gekappt. Der Besucher gerät jedoch unweigerlich in den Bann der eindrucksvollen schwarzen Türme, die dicht aufeinander folgen, mächtig und von beträchtlicher Höhe – dem Wunsche Ludwigs IX., des Heiligen, gemäß.

Die nüchterne Krone umgibt architektonische Meisterwerke: einen weitläufigen romanischen Saal, eine herzogliche Residenz und eine Kapelle im Flamboyantstil sowie den berühmten Wandteppich der Apokalypse, der in der geheimnisvollen Atmosphäre der neuen Galerien hängt, abgeschirmt von der Außenwelt. Das Schloss von Angers vereint all diese Aspekte und birgt in Wirklichkeit gleich drei Schlösser – dieses Bauwerk war stets lebendig und für den Wandel offen, um den Ansprüchen seiner Zeit gerecht zu werden.

Vor der Zeit der Grafen von Anjou

In ferner Vergangenheit fiel das Plateau, auf dem heute die obere Stadt und das Schloss thronen, sanft zur Maine hin ab. Erst mit dem Bau der Burg, der 1232 unter Ludwig IX., genannt der Heilige, begann, trat der uneinnehmbare Felsen, der noch heute sichtbar ist, ans Tageslicht. Doch bereits lange Zeit zuvor wurde dieser Ort aufgrund seiner natürlichen Uneinnehmbarkeit geschätzt. Außerdem weist die Maine, die sich am Fuße des Felsens ihren Weg bahnt, an dieser Stelle ihre engste Stelle auf. Die Gallier der Region, die Andes – daher der Name Angers, Andegaviensis civitas – errichteten an der Stelle der heutigen Burg die erste Befestigungsanlage. Ein Oppidum, ohne Zweifel das bedeutendste des Territoriums, thronte somit über der Maine, an einer Schlüsselstelle zwischen zwei Zusammenflüssen: Flussaufwärts vereinen sich die Flüsse Sarthe, Loir und Mayenne und bilden schließlich die Maine, die flussabwärts in die Loire mündet. Diesen günstigen Gegebenheiten hatte diese erste Siedlung zweifelsohne ihre wichtige wirtschaftliche Rolle zu verdanken, auf die die importierten Keramiken schließen lassen, die bei hier durchgeführten Ausgrabungen entdeckt wurden.

Stirnziegel (5.-7. Jh.), entdeckt bei Ausgrabungen nahe des Großen Saals; eine Person mit Nimbus und Rock wird zwischen zwei Rankenornamenten, die mit Trauben enden, von einem Kreuz bekrönt.

Als sich hier die Römer niederließen, führten sie lediglich umfangreiche Umbauarbeiten durch und gaben ihrer Stadt den Namen Juliomagus, wortwörtlich „Markt Julius'", der der Bedeutung, die dem Handel zukam, bestens gerecht wurde. Am Rand der Anhöhe standen bis zur Zeit Augustus' Behausungen, die schließlich prächtigeren Bauten weichen mussten. Die Mauersockel, die in den Gärten des Gebäudevierecks freigelegt wurden und die dicken Mauern, die man im Garten hinter dem königlichen Wohntrakt entdeckte, lassen auf ein schönes Bauwerk, zweifelsohne einen Tempel, schließen. Eine viereckige, von einer Mauer abgestützte Terrasse bildete den Abschluss dieser monumentalen Konstruktion am Flussufer. Diese Anlage „konservierte" nicht nur die gallischen Vorgängerbauten, sondern bewahrte auch die Spuren sämtlicher späterer Konstruktionen. Wie bei den Grafen- und Herzogspalästen hielt man sich auch beim Bau der Galerien (1953-1954), die für die Aufbewahrung des Wandteppichs der Apokalypse vorgesehen waren, genauestens an den

Verlauf der römischen Mauern. Geht der Besucher durch das Schlösschen in den herzoglichen Hof, betritt er somit einen Ort, der seit rund 20 Jahrhunderten unverändert geblieben ist!
Mit der Schwächung des Kaiserreichs zog sich Juliomagus Ende des 3. Jh.s / Anfang des 4. Jh.s wie alle römischen Städte Galliens hinter die Umfassungsmauer zurück. Die Stadt erhielt in der Folge einen enger mit der örtlichen Kultur verbundenen Namen: Andecavi. Drei durch zwei mächtige Türme befestigte Tore gewährten Zutritt zur Stadt, die sich nur noch über rund 10 ha erstreckte. Eines der Tore, das im frühen Mittelalter unter dem Namen „Porte de Chanzé" Erwähnung fand, liegt unter der südwestlichen Befestigungsanlage der Burg, die auf der ehemaligen römischen Umfassungsmauer errichtet wurde. 1992 stieß man bei Ausgrabungsarbeiten auf eine Kurtine, die noch in einer Höhe von mehr als 5 m erhalten ist und halbkreisförmige sowie zuweilen quadratische Türme aufweist. Während des Baus der Galerie der Apokalypse an der Burgmauer König Ludwigs IX. entdeckte man den alten Befestigungsgürtel (über mehr als 50 m) sowie einen seiner Türme. Ihr Fundament ist nach wie vor in der Kapelle Saint-Laud sichtbar, die im 12. Jh. an der römischen Befestigungsmauer auf der Eskarpe errichtet wurde.

Das Schloss der Grafen von Anjou

Der Bau der Stadtmauer gab das Erscheinungsbild des Ortes für die nachfolgenden Jahrhunderte vor. Der Bischof wurde wie so häufig zum Fürsten der Stadt und ersetzte die ehemalige römische Macht. Mitte des 9. Jh.s litten die karolingischen Königreiche aufgrund der skandinavischen Einfälle unter chronischer Unsicherheit. 843 nahmen die Wikinger Nantes ein, während sich Angers 849 den Bretonen beugen musste. 850 erhielt Angers mit dem Vertrag von Angers die Rolle als Grenzstadt gegenüber der Bretagne, die am rechten Maineufer begann. Angesichts dieser Bedrohungen beschloss König Karl II., der Kahle, die Verteidigungsanlagen der Städte zu verstärken und dort die Position seiner Vertreter, der Grafen – dieser Titel sollte schon bald erblich sein – zu festigen. In Angers wird in einem Dokument aus dem

„Glasgegenstände" der Grafen, freigelegt bei archäologischen Ausgrabungen

4 | **Grundmauern** der an den Großen Saal grenzenden Gebäude, freigelegt bei jüngsten Ausgrabungen

Jahre 851, der Gründungsurkunde der Burg, ein Gebietsaustausch zwischen dem Grafen und dem Bischof erwähnt. An der nordwestlichen Ecke des natürlich geschützten Ortes sollte eine Hauptburg errichtet werden, um den Fluss zu kontrollieren. Sie sollte die Einhaltung des Vertrages gewährleisten und gleichzeitig das Vordringen der Wikinger stoppen.

Aus rein militärischen Gesichtspunkten war diese Anlage ein Misserfolg. Ab 853 drangen die Männer aus dem Norden in Angers ein. Wiederholt kehrten sie nach Angers zurück und ließen sich 872 sogar ein Jahr in der von ihren Bewohnern verlassenen Stadt nieder. Im darauffolgenden Jahr belagerte Karl der Kahle die Stadt mit einer Armee von Franken und Bretonen, doch konnte nur die Zahlung von Lösegeld die Piraten zum Verlassen der Stadt bewegen. Anjou war im späten 9. Jh. Opfer zahlreicher Plünderungen, die die Vicomtes mehr oder weniger erfolgreich bekämpften. Als allmählich wieder Friede einkehrte, stiegen die Grafen von der Funktion einfacher Reichsbeamter zu unabhängigen Landesfürsten auf – während der König, der sie eingesetzt hatte, an Macht verlor.

Im 10. Jh. bildete sich somit in Angers ein hervorragendes Grafengeschlecht heraus, dessen erster bekannter Vertreter, Fulko der Rote, ein karolingischer Würdenträger, war. Den erfolgreichen Eroberungsfeldzügen gegen die nächsten Nachbarn verdankte Angers nicht nur die Rolle als Hauptstadt eines mächtigen Staates, sondern – dank der Ausdehnung des Territoriums – eine relativ friedliche Zeit. Auf diese Umstände ist zweifelsohne auch der Bau der Residenz zurückzuführen, die ein englischer Reisender, Raoul de Dicet, 1150 als einen „wahrhaften Palast" beschrieb.

„Schwitzbad", Ausschnitt eines der Keramikrohre, die eine Düse bilden

Balkenende mit Darstellung eines Ungeheuers aus dem 12. Jh., wiederverwendet in einer Gefängnismauer

Die Stadtmauer sowie die ehemalige Terrasse des altertümlichen Monumentalkomplexes wurden als Rahmen für die Bauten dieser Residenzen genutzt. Das Hauptelement bildete ein großer Saal, eine Aula, deren aktuelle Südfassade, die noch heute die Gärten des Gebäudevierecks im Norden abschließt, die Spuren der architektonischen Entwicklung bewahren konnte. Gewiss stand hier auch ein Wohntrakt sowie eine Kapelle, die die Archäologen jedoch nicht eruieren konnten. Die Bauten passten sich den topografischen Gegebenheiten an, die auf die altertümlichen Konstruktionen zurückgehen. Im Süden dürfte der Palast an die ehemalige Terrasse gegrenzt haben. Die Umfassungsmauer diente zu diesem Zeitpunkt weniger der Verteidigung als vielmehr symbolischen Zwecken.

Die Angevinische Dynastie

„Plantagenet-Emaille“, zweite Hälfte des 12. Jh.s; Bildnis Gottfried Plantagenets, Graf von Anjou, Vater Heinrichs II., Herzog der Normandie und König von England (Le Mans, Musée de Tessé)

Einer der bekanntesten Grafen dieses Geschlechts war Fulko Nerra (987-1040). Diese hervorstechende Persönlichkeit gab sich ohne Unterlass der Ausdehnung seiner territorialen Macht hin und das auf Kosten seines Nachbarn, des Grafen von Touraine, der auch Graf von Blois war. Die Waffen entschieden den Machtkampf zugunsten Fulko Nerras, der somit den Besitz seiner Dynastie mit der reichen Touraine erweiterte. Seine mehr oder weniger erfolgreichen Nachfolger zählten zu den größten Fürsten des Königreichs. Einer unter ihnen, Fulko V., wurde sogar von den Baronen des Orients und dem König von Frankreich dazu erkoren, die Krone Jerusalems zu tragen (1131). Sein Nachfolger in Anjou, Gottfried der Schöne – aufgrund des blühenden Ginsterbusches, den er als Helmzier führte, auch Plantagenet genannt – heiratete 1129 Mathilde, Witwe Kaiser Heinrichs V. sowie Tochter und Erbin des Königs von England, Heinrichs I. Aus ihrer Ehe ging Heinrich Plantagenet hervor, der sich 1152 mit Eleonore von Aquitanien vermählte. Eleonore brachte Aquitanien und ihre Mutter die Normandie sowie England mit in die Ehe. Die Macht des Grafen von Anjou war nunmehr mit jener eines Kaisers vergleichbar und überstieg die des Königs von Frankreichs. Es ist anzunehmen, dass der Palast von Angers unter seiner Herrschaft renoviert wurde. Er war 1131 in einem Großbrand den Flammen zum Opfer gefallen. Der Überlieferung nach soll der Herrscher den Palast sowie die kleine Stiftskapelle Saint-Laud, die im Südwesten an der galloromanischen Umfassungsmauer steht, wiedererrichtet haben. Um 1150 berichtete Raoul de Dicet von neu erbauten Kammern königlicher Pracht. Doch war die angevinische Hauptstadt für den König Plantagenet nur noch einer der zahlreichen Orte seines Einflussgebietes, das von Bayonne bis nach Caen und von Tours nach Brest reichte, ganz zu schweigen vom englischen Königreich. Angers spielte weder eine strategische noch eine politische Rolle, da die Grenzen und Schlachtfelder in weiter Ferne lagen.

Das Schloss König Ludwigs IX.

Rechte Seite
Luftansicht des Schlosses

Zeichnung der Stadt Angers, von Hercule Nego de Sanfront, Ingenieur des Herzogs von Savoie, um 1589 (Staatsarchive von Turin, Biblioteca antica, coll. Architettura militare, vol. 3 [Francia], fol. 92/anc. 130)

Im späten 12. und frühen 13. Jh. kam es zu einem grundlegenden Wandel der geopolitischen Situation: Der französische König Philipp II. Augustus riss nach 30 Jahren ununterbrochenen Kampfes die Normandie, die Touraine, Anjou und das Poitou an sich. Angers wurde zu einer regionalen Hauptstadt des französischen Königreichs. Eine „aktive" Rolle nahm Angers erneut ein, als 1227 der Herzog der Bretagne, Pierre de Dreux, dem der König die Bretagne übertragen hatte, die königliche Autorität anzufechten versuchte. Er eroberte die Stadt, die jedoch bereits nach kurzer Zeit erneut in den Machtbereich König Ludwigs IX. zurückfiel. Der König versuchte nun, die Stadt in eine uneinnehmbare Bastion zu verwandeln, die den Bretonen und deren Herzog die Stirn bieten sollte. So entstand die herrliche Zitadelle, die den ehemaligen Grafenpalast umgab und mit 17 Türmen befestigt wurde. Sie stellte ein wahres Lager für die königlichen Armeen dar, das gegebenenfalls die für Feldzüge in feindliche Gebiete nötigen Truppen beherbergen sollte – doch kam es nie dazu: Pierre Mauclerc zeigte Reue, und die königliche Zitadelle diente als mächtige Umfassungsmauer für spätere Paläste.

Tour du Moulin (Mühlenturm)

1246 übergab König Ludwig IX., der Heilige, seinem Bruder Karl die Grafschaft Anjou als Apanage. Karl I. von Anjou wurde vom Papst mit der Krone von Neapel und Sizilien belehnt. Angesichts dieser neuen Aufgaben, die 1282 auf tragische Weise mit dem Massaker der Sizilianischen Vesper ihr Ende nahmen, maß er Anjou zweifelsohne nur geringes Augenmerk zu. Karl war der Stammvater des zweiten Hauses Anjou, das jedoch 1290 erlosch; die letzte Erbin heiratete Karl von Valois, Bruder König Philipps IV., des Schönen. 1328 bestieg Philipp VI. von Valois, Sohn Karls, den Thron. Die Grafschaft Anjou fiel erneut für mehrere Jahre in königlichen Besitz. Doch kam Angers damals wie so vielen anderen Städten nur regionale Bedeutung zu. Der Palast, der keinen Fürsten mehr beherbergte, verfiel nach und nach zu einer Ruine.

Das Schloss der Herzöge von Anjou

Karl V., ein Stundenbuch lesend (Paris, Bibliothèque nationale de France); seine Herrschaft brachte einen bedeutenden Aufschwung der Bautätigkeit der Lehnsherren und Fürsten.

1356 machte Johann II., der Gute, Sohn Philipps VI., Anjou zur Apanage für seinen zweiten Sohn Ludwig, der der Stammvater des vierten Hauses Anjou war – nach dem Übergang in das Haus Valois in der ersten Hälfte des 14. Jh.s. Vier Jahre später erhob der König seinen Sohn zum Herzog und Pair. Damals kam es zur verhängnisvollen Schlacht von Poitiers, auf die der Friede von Brétigny und der erstaunliche Wirtschaftsaufschwung von 1365-1400 folgten. Frankreich hatte die Pest und den Krieg überwunden. König Karl V. erhielt 1364 den Zusatz „der Weise". In diesem Umfeld ließen die Fürsten eine neue Architektur und Kunst erblühen, die den Bau einer Reihe einzigartiger Schlösser ermöglichte. Karl V. renovierte und erneuerte den Louvre und erbaute Vincennes. Sein Bruder Johann, Herzog von Berry, ließ im Laufe seines langen Lebens den Palast von Poitiers, die Schlösser von Mehun-sur-Yèvre und Nonette sowie in der Nähe von Paris das Schloss von Bicêtre erbauen. Ihr Neffe, Ludwig von Orléans, errichtete Pierrefonds und La Ferté-Milon. Auch Ludwig I., Herzog von Anjou, stand ihnen um nichts nach: 1370, zweifelsohne von den großen

Ludwig I. von Anjou, Miniatur aus *Juratoire et livre des fondations de la chapelle royale du Gué-de-Maulny,* um 1492 (Le Mans, Mediathek der Stadt Le Mans); Ludwig I., Bruder König Karls V., zählte zu den ersten großen Prinzen, die die befestigten Schlösser in Paläste umgestalteten.

Bauwerken seines Bruders Karl V. angespornt, leitete er die Restaurierung der Schlösser von Angers und Saumur ein, die die Prunkstücke dieser neuen Kunst der „Prinzen der Lilie“ darstellen sollten.
Die in Angers vollbrachten Bauarbeiten waren besonders umfangreich. Sie traten erst vor kurzer Zeit bei Ausgrabungen, die im Großen Saal und in dessen Umfeld durchgeführt wurden, zu Tage und konnten durch geschichtliche Analysen bestätigt werden. Der ursprüngliche Große Saal wurde vollständig erneuert und mit riesigen Fenstern und Kaminen ausgestattet; auf der Rückseite des Hauptgiebels errichtete man eine Ehrentreppe, deren Spindel jener von Saumur gleicht, die aus derselben Zeit stammt. An der Westspitze wurden ehemalige, an die Kapelle Saint-Laud grenzende, romanische Gebäude umgebaut; ein weiterer romanischer Wohntrakt wurde im Ostteil erneuert. Doch damit nicht genug: Entlang des ehemaligen galloromanischen Mauerrings erbaute man Dienstgebäude, möglicherweise Küchen; auf der Rückseite des Stadttors (Porte de la Ville) der mächtigen Umfassungsmauer Ludwigs IX. entstand ein Gebäude, das im ersten Stock eine Schatzkammer und in den beiden darüber liegenden Geschossen eine von Oratorien flankierte Kapelle beherbergte.
1380 adoptierte Königin Johanna I. von Neapel Ludwig I., der jedoch noch vor seiner Regierungszeit verstarb. Ludwig II. von Anjou folgte 1384 seinem Vater nach. Es gelang ihm, zwischen 1389 und 1399 die Herrschaft des Königreichs zu übernehmen, dann wurde er jedoch vertrieben. Nach seiner Rückkehr nach Frankreich setzte er seine Bauvorhaben in Tarascon und Saumur sowie in Angers fort, wo er vor 1410 gemeinsam mit seiner Gemahlin, Jolanthe von Aragon, eine große Kapelle nach dem Vorbild der Sainte-Chapelle von Paris an der Ostecke der Umfassungsmauer des ursprünglichen Palasts errichtete. Sein Sohn, Ludwig III., den 1419 dessen Tante Johanna II. von Neapel adoptierte, verbrachte sein Leben größtenteils in Kalabrien, wo er 1434 verstarb. Für Aufenthalte in Angers war ihm aufgrund der in Italien herrschenden Kriege keine Zeit geblieben. Sein Erbe trat Bruder René an, der berühmte König René. Nach seiner Befreiung aus den burgundischen Kerkern (1437) regierte er in Italien und Sizilien lediglich bis 1442; Alfons von Aragon vertrieb ihn für

Guaschporträt Ludwigs II. von Anjou (Paris, Bibliothèque nationale de France); wie allen anderen Königen von Neapel gelang es auch Ludwig II. nicht, sich in Italien durchzusetzen. Nach seiner Rückkehr nach Frankreich führte er in erster Linie die von seinem Vater begonnen Bauprojekte fort.

immer aus seinem Königreich. Ab 1450 wandte er sich seinen Besitzungen, der Provence, Lothringen und Anjou, zu. Die letzten beiden Jahrzehnte seiner Herrschaft waren von einer frenetischen Bautätigkeit geprägt: bestehende Schlösser wurden umgebaut und neue Landsitze entstanden in sämtlichen territorialen Besitzungen, insbesondere in der Provence und in Anjou.

René von Anjou, letzter Herzog von Anjou im Mittelalter, zählte zu den größten Bauherren seiner Zeit. Während seiner Herrschaft konnte er zwar keine politischen Erfolge aufweisen, doch ließ er zahllose Paläste und Residenzen erbauen und umgab sich mit herausragenden Künstlern und Architekten (Paris, Musée du Louvre).

Angers profitierte vom Drang der Herzöge nach baukünstlerischer Vollendung und künstlich gestalteter Natur, die dem Herrscher das Trugbild einer perfekten Welt mit prachtvollen Bauten, Gärten, Fischweihern und Menagerien bot. Angers stellte hierfür den idealen Rahmen dar: Schirmte der alte Mauerring Ludwigs des Heiligen nicht perfekt von der Unruhe des Pöbels, dem Geschrei und Gestank sowie dem Treiben der Stadt ab? Diese riesige, außen so finstere Mauer bot den idealen Rahmen für eine künstliche Welt, ganz und gar dem „Schönen“ gewidmet. René schloss die Umbauarbeiten des alten Befestigungsgürtels des romanischen Palasts ab: Er ließ einen Torturm errichten, der die Gärten vom herzoglichen Hof trennte und als „scheinbefestigter“ Eingang diente. Das Hauptaugenmerk schenkte er jedoch dem Bau der „Galerien“. Eine davon, die bekannteste, wurde an den königlichen Wohntrakt im Nordosten gebaut,

Die Schlossgärten und im Hintergrund der große Giebel der Kapelle Ludwigs II. mit dem Schlösschen König Renés

mit einer großen Wendeltreppe, über die man die „Lustgebäude“ an der Burgmauer – Fischweihertrakt und sog. Galerie des „Beauvau-Gebäudes“ – erreichte. Zwischen den alten Bauten und dem Befestigungsgürtel, gegenüber des Diensttraktes wollte der Herzog auf diese Weise einen von jeglichen Störungen abgeschirmten Ort schaffen.

Vom Gefängnis zur Galerie der Apokalypse

Die Stadt Angers, Plan von Adam Vandelant, 1576 (Angers, Museen von Angers); diese naive Ansicht zeigt ein von Rundtürmen beherrschtes Schloss. Der Umfassungsgürtel wurde um 1592 gekappt.

Ehemalige Ansicht der Zufahrt des *Porte des Champs* (Feldtor), Stich (Angers, Archives départementales du Maine-et-Loire); das *Porte des Champs* besaß eine zweiteilige Zugbrücke, die mit einer „Barbakane" bzw. einem „Außenwerk" befestigt war. Der Eingang dieses Außenwerks wurde ebenfalls durch eine zweiteilige Zugbrücke geschützt.

1473, nach dem Tod des Nachfolgers Herzog Renés, dessen Enkels Nikolaus, übernahm König Ludwig XI. Anjou und verleibte das Herzogtum 1481 dem Königreich ein. Angers verlor endgültig die Rolle als herzogliche Hauptstadt. Königliche Gouverneure ersetzten die ehemaligen Pairs des Königreichs, die im Gebäude nahe des Feldtors (Porte des Champs) untergebracht waren, das René am Ende seiner Herrschaft errichten ließ. Die Torzufahrt an der Südostecke des Tors wurde möglicherweise zu dieser Zeit zusätzlich befestigt: Auf alten Plänen ist ein Außen- bzw. Bollwerk, flankiert von zwei Rundtürmen und von einem Strebepfeiler gestützt, zu erkennen, das starke Ähnlichkeit mit den Torbefestigungen Ludwigs XI. und dessen direkten Nachfolgern aufweist. Das einfachere Außenwerk des Stadttors (Porte de la Ville) stammt zweifelsohne aus derselben Zeit. Damals wurde das Schloss durch die zum Kettenturm (Tour de la Basse-Chaîne) hinab führende Mauer erweitert.

12 | **Plan, die tatsächlichen Größenverhältnisse darstellend – mit Ansicht der Westseite,** nach Poitevin, 1707 (Angers, Museen von Angers)

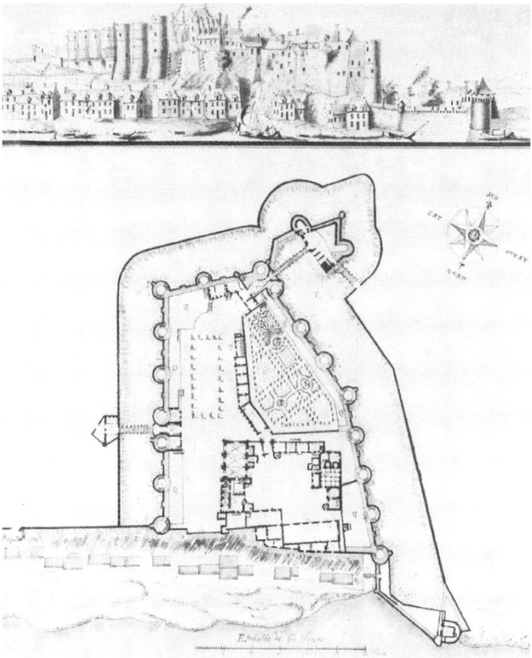

„Das Schloss auf Flussseite ohne die Häuser von Port Ligny, Ansicht vom gegenüber liegenden Flussufer“, Faksimile von Gouin, 1890, nach Berthe, 1836 (Angers, Archives départementales du Maine-et-Loire); diese relativ naive Zeichnung ist äußerst interessant. Sie zeigt, dass an der der Maine zugewandten Burgmauer Wohntrakte existierten, die heute aufgeschüttet oder den Restaurierungsarbeiten – unter dem Niveau des heutigen Großen Saals – zum Opfer gefallen sind.

Die mächtigen Befestigungsanlagen hinderten jedoch die Hugenotten nicht daran, die Stadt 1562 widerstandslos zu übernehmen. Jean de Lespine und Philibert Delorme bauten die Burgmauern um, scheinen jedoch keine Veränderungen am Schloss vorgenommen zu haben. 1585 wurde das Schloss erneut ohne jegliche Kampfhandlung erobert, dieses Mal von einem guten Dutzend Protestanten. Heinrich III. gab den Befehl die Kurtinen und die Türme auf Stadtseite abzutragen, dul-

dete jedoch, dass Gouverneur Donadieu de Puycharic, der sich des Verteidigungswertes der alten Zitadelle bewusst war, dieser Anordnung nur halbherzig Folge leistete. 1592 waren lediglich die sechs der Stadt zugewandten Türme gekappt; der Gouverneur nutzte jedoch diesen Abbau, um die gesamte Umfassungsmauer zusätzlich zu „befestigen“: Er versah die Mauer innen mit einem Erdwall, der den Aufschlag der Kanonenkugeln abfedern und eine Terrasse für die Geschütze tragen sollte. Schließlich kam es also zu einer Verstärkung der Festung, und die royalistische Macht setzte der Stadt ihren Stempel auf. Im Westen, neben dem Großen Saal und der Kapelle Saint-Laud wurde die ehemalige Kurtine durch eine Konstruktion mit Schießscharten ersetzt, die den Beschuss Richtung Maine ermöglichte.

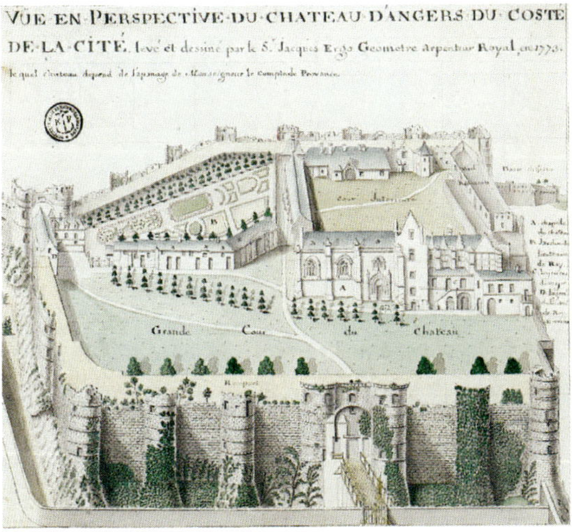

Perspektivische Ansicht der Stadtseite des Schlosses von Angers, von Ergo, 1773 (Paris, Service historique de la Marine, Sammlung 18, Blatt 25)

Wandinschriften im Schloss gefangen gehaltener Seeleute;
links: Selbstdarstellung eines gefangenen Seemanns – eine typische Darstellung des Seemanns mit Dreispitz, eine Pfeife aus weißem Ton rauchend, mit im Nacken zusammen gebundenem Haar und Ohrring (Turm Nr. 13);
in der Mitte: ein Galgen mit Erhängtem (Turm Nr. 13);
rechts: eine Fregatte (Turm Nr. 14)

Nach den Religionskriegen spielte das Schloss erneut eine strategische Rolle während der angevinischen Fronde (1648-1652) und im Kampf gegen die Vendée (1793). Zwischen diesen beiden Ereignissen diente es jedoch lediglich als Gefängnis. Fouquet war hier mehrere Monate in Gefangenschaft. Hunderte größtenteils englische Seeleute wurden zwischen 1779 und 1781 unter der Aufsicht eines Kontingents von Kriegsinvaliden auf das Schloss von Angers gebracht. In den Türmen hinterließen sie zahlreiche Wandinschriften. Der ehemalige Grafen- und Herzogspalast wurde somit zum Département- Gefängnis (bis 1856). 1817 wurde die Burg der Armee übertragen und bis zum Ende des Zweiten Weltkriegs militärisch genutzt; in den Gärten aber auch im ehemaligen herzoglichen Hof wurden triste Schuppen aufgestellt.
Nachdem die Armee die Festung 1947 verlassen hatte, setzten erste Restaurierungsarbeiten ein, unter der Leitung des vom Denkmalschutz beauftragten Architekten Bernard Vitry. Es kam zum Bau der ersten „Galerie der Apokalypse“, in der die herrliche Serie von Bildteppichen, die Ludwig I. von Anjou um 1373

Andegavum Angers,
Radierung, herausgegeben von Pierre Mariette, 1730 (Angers, Stadtbibliothek); diese Ansicht zeigt das Schloss über des westlichen Sperranlage des Loire (eine Reihe von Pfählen zwischen zwei befestigten Bauten, an denen die den Wasserweg versperrende Kette befestig war).

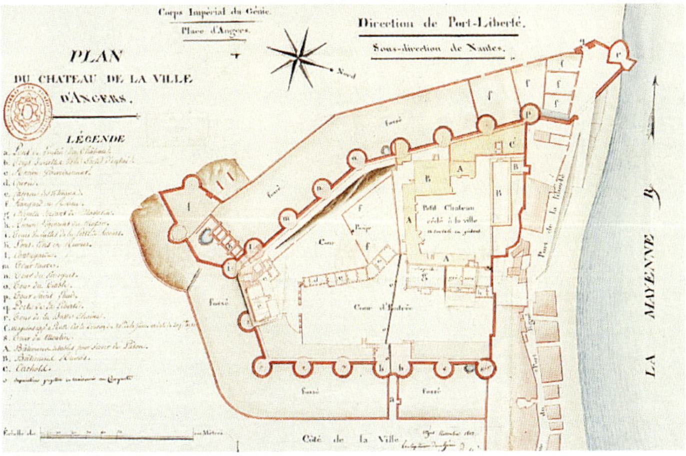

in Auftrag gegeben hatte, ausgestellt werden sollten. Die Arbeiten begannen 1950: Zwei zerstörte Trakte (im Südwesten und im Südosten) wurden durch zwei moderne Flügel ersetzt, die auf Hofseite riesige Fenster erhielten – sie wurden nach dem Vorbild der Fenster des Großen Saals gestaltet. Damals führte man auch erste archäologische Untersuchungen durch.
1992 setzte ein ehrgeiziges Renovierungsprogramm ein, mit dem Ziel, die Präsentation des Wandteppichs der Apokalypse zu modernisieren und den Besichtigungsrundgang des Schlosses umzugestalten. Begleitet wurde dieses Programm von Ausgrabungen und Analysen der erhaltenen Bausubstanz, denen wir völlig neue Erkenntnisse über das Bauwerk verdanken.

Plan des Schlosses von Angers, erstellt 1819; er zeigt die Anordnung der als Gefängnis dienenden Gebäude [A], der Ruinen [B] und der Verliese [C] (Paris, Service historique de l'Armée de terre)

Rundgang

Die äußere Umfassungsmauer

Türme im Norden des *Porte des Champs* (Feldtor)

Eigentlich drängt sich für eine perfekte Besichtigung des Schlosses von Angers ein Rundgang in chronologischer Reihenfolge auf, angefangen beim Schloss selbst mit dem alten romanischen Saal, der das Kernstück dieses monumentalen Bauwerks darstellt; die restlichen Elemente folgen in konzentrischer Anordnung. In Wirklichkeit beeindruckt jedoch an erster Stelle die einzigartige Umfassungsmauer, mit deren Bau die Officiers König Ludwigs IX., des Heiligen, 1230 begonnen hatten. Deshalb empfehlen wir, die Besichtigung mit einem Mauerrundgang zu beginnen.

Die Türme der Umfassungsmauer Ludwigs des Heiligen

17 Rundtürme mit einem Durchmesser von 11 bis 13 m erheben sich in einem Abstand von rund 13 m auf abgeschrägten Mauersockeln, die zuweilen den Felsen umhüllen und die Stabilität des Gesamtbauwerks gewährleisten. Jeder der auf den Sockeln emporragenden Türme wurde abwechseln aus dunklem (Schiefer) und hellem (weißer Kalkstein) Baumaterial errichtet. Durch diesen Kontrast wollten die damaligen Baumeister das mächtige Erscheinungsbild zusätzlich unterstreichen. Jeder Turm besitzt über mehrere „Streifen" reichende, vertikale Öffnungen, die den Schießscharten der Turmsäle gleichen. Alle Türme haben im auslaufenden 16. Jh., als die Feuerwaffen aufkamen, ihre ursprüngliche „Krone" eingebüßt. Trotzdem bewahrte das Gesamtbauwerk seine Bedeutung: Es handelt sich hier um eine der mächtigsten Festungen, die die Krone zu Beginn des 13. Jh.s erbauen ließ. Damals war das Königreich mit Schlössern gespickt, die Philipp Augustus errichtet hatte: Die Burgen hatten einen geometrischem Grundriss und waren in regelmäßigen Abständen von Türmen flankiert. Doch kam keines seiner Schlösser der Festung von Angers gleich. Sie erinnert vielmehr an die Burgen, die zwischen 1225 und 1230 erbaut worden waren, wie das Schloss von Coucy in der Picardie, wo sich die großen Barone aus Hochmut als den Königen gleichgestellt betrachteten. Das große angevinische Bollwerk Ludwigs IX, das zur Abwehr Pierre Mauclercs, eines entfernten Cousins des Königs, errichtet worden war, umgab im Süden einen Teil der galloromanischen Befestigungsmauer. Im Osten und Westen drang das Bauwerk in die Stadt vor, und der ursprüngliche Grafenpalast erhielt die dreifache Größe. Der vierseitige Bau dieses riesigen Vielecks grentze im Nordosten an einen Felsen, der sich 20 m über das Flussbett der Maine erhob. An dieser natürlich geschützten Stelle, sahen die Baumeister vom Bau einer kostspieligen Befestigungsanlage ab.

Schießscharte eines Turms des *Porte des Champs*

18 | ***Porte des Champs* (Feldtor);** bemerkenswert ist die Mauerfalz der ursprünglichen Zugbrücke, deren Kette zweifelsohne von der darüber befindlichen Schießscharte aus bedient wurde.

Das *Porte des Champs* (Feldtor)

Zwei Tore waren für diese große königliche Zitadelle vorgesehen. Gemäß der seit Philipp Augustus geltenden Tradition wurden eine Öffnung zur Stadt hin und ein Tor, das aus der Stadt hinaus führen sollte – der „Feldschlüssel" bzw. das „Feldtor" (Porte des Champs) –, geplant. Die Baumeister legten dieses Tor so an, dass es für den nahenden Feind oder einen einfachen Reisenden als erstes sichtbar war. Sie gestalteten es als Kolossaltor an der südöstlichen Ecke des Mauergürtels. Die unteren zwei Drittel des Tors bestehen aus weißem Kalkstein, nur der obere Teil erhielt die für die Burg so bezeichnenden schwarz-weißen Streifen. Eine steil ansteigende Holzbrücke führte zum Wagentor, das zwischen zwei mächtigen Türmen lag; noch erkennbar ist die Mauerfalz des hochklappbaren Holzüberbaus der Zugbrücke, die zweifelsohne mit einer einfachen Kette von einer darüber befindlichen Schießscharte aus betätigt wurde. Natürlich wurden auch die beiden Tortürme wie alle anderen Türme des Mauergürtels mit dem Aufkommen der Feuerwaffen umgestaltet und die Schießscharten den neuen Waffen angepasst. Im 17. und 18. Jh. wurden einige dieser Schießscharten mit kleinen halbkreisförmigen Balkonen (mit einem Vorbau in Form eines verkehrten Halbkegels) verkleidet.
Nichts ist mehr erhalten von den mächtigen Bauten, die im auslaufenden 15. und frühen 16. Jh. dem Tor vorgelagert waren: Außen- bzw. Bollwerk mussten modernen Verkehrswegen weichen, wenn auch erst relativ spät, denn zu Beginn des 19. Jh.s war es noch erhalten. Das hat sein Gutes, da somit die Absicht der Baumeister von 1230, mit diesem Bauwerk die Macht des Königs im Stein zu verewigen, klar hervorgeht; doch bleibt es uns aus diesem Grund verwehrt,

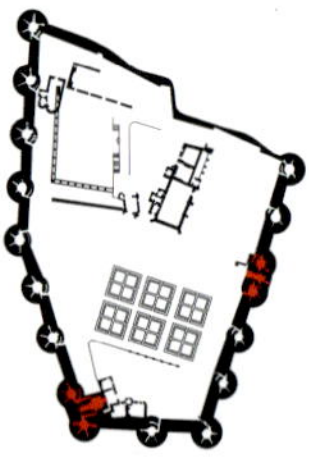

die Vorhaben anderer Könige zu ergründen, wie König Ludwigs XI., als dieser um 1480 Anjou eroberte und nach dem Vorbild Ludwigs IX. zweieinhalb Jahrhunderte zuvor eine Bastion zur Abwehr der Bretagne errichten ließ.

Durchgang des *Porte des Champs* (Feldtor), Innenseite;
von rechts nach links: das hier vorgefundene mittelalterliche Fallgatter, das Wurfloch, die Mauernut des zweiten Fallgatters und der zurückversetze Mauerteil, an dem die hölzernen Torflügel befestigt waren

Das *Porte de la Ville* (Stadttor)

Richtung Norden und weiter westwärts verlaufen die der Stadt zugewandten Stirnseiten der Festung, geschützt von tiefen Gräben, die im 16. Jh. vertieft und verbreitert wurden. Hier liegt auch das Stadttor bzw. Porte de la Ville, ebenfalls flankiert von zwei mächtigen Rundtürmen; Der Torbau lässt außen die Spuren der Umbauarbeiten des 14. und 15. Jh.s erkennen: Verkleidung des Vorbaus, der den beweglichen Überbau der zwei Zugbrücken – eine für die Fuhrwerke, die andere für die Fußgänger – aufnimmt. Beide sind noch erhalten; obgleich sie wohl nur aus dem letzten Jahrhundert stammen, sind sie ein gutes Beispiel dieses alten Systems. Wie das Porte des Champs verfügte auch das Stadttor über eine komplexe Schutzvorrichtung mit zwei aufeinanderfolgenden Fallgattern, zwischen denen ein vertikales Wurfloch den Weg versperrte. Hinter beiden Toren lag über dem überwölbten Durchgang das Wachzimmer. Am Stadttor wurde dieser Bau jedoch unter Ludwig I. von Anjou zu einem Torhaus umgestaltet, möglicherweise für einen hohen Würdenträger. Diese Vorgehensweise war im Festungsbau Westfrankreichs im 14. Jh. durchaus üblich. In der Bretagne sind zahlreiche Beispiele erhalten (Vitré, Châteaubriant, Montauban-de-Bretagne usw.).

***Porte de la Ville* (Stadttor);**
dieses aus dem 13. Jh. stammende Tor wurde durch einen Vorbau mit einer noch erhaltenen zweiteiligen Zugbrücke verstärkt.

Die Türme wurden auf der Höhe des Wehrgangs gekappt, während man die Mauern auf der Innenseite durch einen „planierten“ Erdwall verstärkte, um sie gegen das Geschützfeuer zu wappnen.

Rechte Seite
Die Kapelle, Außenansicht

Tour du Moulin, (Mühlturm) mit den Turmspitzen der Kathedrale Saint-Maurice im Hintergrund

Garten und Haus des Gouverneurs

Innerhalb des Befestigungsgürtels

Die Innenseite der Befestigungsmauer hat sich seit dem Mittelalter stark verändert: Innen wird sie von einem durch Stützmauern verstärkten Erdwall gesäumt, der im 16. Jh. errichtet wurde, um die Mauern gegen das Geschützfeuer zu wappnen.
Auf diesen „Stoßdämpfern“ wurden Terrassen für die Geschütze angelegt. Die meisten dieser Anlagen errichtete Donadieu de Puycharic Ende des 16. Jh.s.
In die Türme gelangt man über die Erdwalle; der unterste Raum eines jeden Turms wird von einem sechsteiligen Kreuzrippengewölbe überspannt, das in hübsch verzierte Hängeknäufe mündet – die Menschenköpfe am *Porte des Champs* und das Blattwerk sowie die geometrischen Motive in den restlichen Türmen zeugen von der Sorgfalt bei der Bauausführung. Über die aus der Mauerstärke ausgesparten Treppen gelangt man in die darüber gelegenen, einfach mit Brettern verkleideten Geschosse: An der Nordfront existierte lediglich ein Obergeschoss und an der Südfront gab es zwei, während die die Tore flankierenden Türme drei Geschosse besaßen. Die Mauern sind von zahllosen Schießscharten durchbrochen, die jedoch stets verschoben angeordnet sind, um das Mauerwerk nicht zu schwächen; im Inneren werden die Quaderöffnungen von stützenden Spitzbogen bekrönt. Der einzige Turm, der seine Originalhöhe bewahren konnte, ist der Mühlturm bzw. *Tour du Moulin* im Norden: Er trug damals die Windmühle der Festung.

Linke Seite
Hof des Hauses des Gouverneurs
Ehemaliger Salon des Hauses des Gouverneurs

Unterer Raum des Westturms des *Porte des Champs* mit Kreuzrippengewölbe und Schießscharten

Hängeknäufe des unteren Raums des Westturms des *Porte des Champs,* verziert mit pflanzlichen Motiven und Köpfen

Das Haus des Gouverneurs und die Innenseite des *Porte des Champs* (Feldtor)

Von den Vergnügungsbauten König Renés ist so gut wie nichts mehr erhalten. Die Konstruktionen hinter der Nordfront liegen unter dem Erdwall, der im 16. Jh. aufgeschüttet wurde, begraben, und auch die Bauten, Gärten und Pavillons im Südosten des Palasts sind verschwunden. Nur im Süden ist ein hübscher Bau erhalten, das Haus des Gouverneurs, das sich hinter dem Porte des Champs erhebt. Dieses kleine Herrenhaus aus der Zeit König Renés wurde wiederholt vergrößert, insbesondere im 18. Jh. Abgeschirmt vom restlichen Schloss besaß es eigene Gärten und bildete die Residenz des Gouverneurs und später dessen Vertreters, des *Lieutenant du Roi.* Die Hoffassade zeichnet sich durch den malerischen Treppenturm (15. Jh.) aus, dessen vieleckiger Grundriss im letzten Geschoss aufgrund eines abgestumpften Winkels in ein Rechteck übergeht; bekrönt wird das ganze durch einen dreieckigen Giebel. Das Haus verdeckt die Rückseite des *Porte des Champs,* doch ist der Durchgang erhalten. Durchquert man das Erdgeschoss des Hauses, gelangt man in den großen überwölbten Saal aus dem 13. Jh., der hinter dem Tor liegt, das erstaunlich gut erhalten ist. Bemerkenswert ist das Verteidigungssystem: Das erste Fallgatter fehlt, doch sind die Aussparungen in der Mauer noch erkennbar. Das zweite Fallgatter ist nach wie vor erhalten. Es besteht aus senkrechten Holzbalken, die unten mit Metallspitzen verstärkt sind. Im Gewölbe zwischen den beiden Fallgattern befindet sich das Wurfloch, das für jene Feinde bestimmt war, die das erste Fallgatter nicht aufhalten konnte.

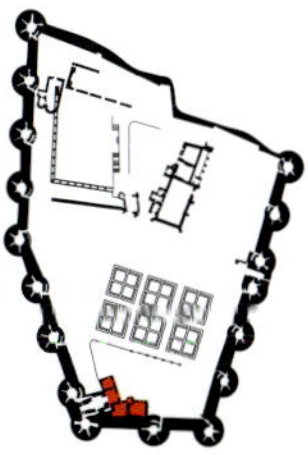

Die Gärten

Von den ehemaligen Gartenanlagen ist lediglich der Brunnen nahe dem Hof des Hauses des Gouverneurs erhalten. Zwischen diesem Brunnen, dem Chorhaupt der Kapelle und den Mauern des Befestigungsgürtels wurden auf Betreiben König Renés die ersten Lustgärten angelegt. Ab dem 17. Jh. pflanzten die Gouverneure und deren Vertreter im Schutze der Ruinen des ehemaligen Grafenpalasts Gemüsegärten. In den Gräben und auf den Erdwallen gediehen Obstbäume. Als die Festung der militärischen Nutzung überlassen wurde, blieb kein Winkel verschont. Erst nach der Befreiung und als die Burg dem Kulturministerium übertragen wurde, konnten die Architekten Bernard Vitry und Henri Enguehard erneut eine richtige Gartenanlage schaffen.
Die Harmonie der Formen und die botanische Originalität der Anlagen haben erst heute – dank der natürlichen Entwicklung der 1950 ausgewählten Pflanzen – die volle Blüte ihres ästhetischen und landschaftlichen Erscheinungsbilds erlangt. Sechs große Rasenflächen, von Buchsbaumbreihen gesäumt, bilden eine Anlage, die einem Renaissancegarten gleicht. Riesige überkreuzte Eiben bilden sechs monumentale Lauben.
An den Zugängen zu den Südkurtinen birgt eine Baum- und Sträuchergruppe den von René eingeführten Zürgelbaum. Sie besteht – in Anlehnung an die Gärten der Provence – aus Fliedersträuchern, Kiefern und Magnolien. Dieses Blätterdach geht in eine Allee beschnittener Linden über, die seit kurzem wieder Volieren schmücken – ein Andenken an die Menagerie „des guten König Renés".
Vor der Galerie König Renés erstreckt sich ein von Rosenstöcken gesäumtes Rasenquadrat.
Im Norden auf der Geschützterrasse thront ein Kräutergarten; die Auswahl der Heil- und Küchenkräuter, die seit der Zeit Karls des Großen Verwendung finden, wurde durch Pflanzen bereichert, die im Wandteppich der Apokalypse zu erkennen sind.

L. H., in Zusammenarbeit mit
Pierre Frasez, Kunstbeauftragter

Der Palast

Der Grafenpalast, der später von den Herzögen von Anjou übernommen wurde, bildete einst ein Gebäudeviereck, dessen Bauten, die aus verschiedenen Epochen stammten, einfach um einen zentralen Innenhof aneinander gereiht wurden. Im 15. Jh. wurde die Befestigung des Palasts überflüssig; der große Befestigungsgürtel Ludwigs XI. erlaubte es den Grafen und Herzögen, militärische Zwänge abzulegen und ihre Gebäude zu den Gärten hin zu öffnen. Vom ursprünglichen Gebäudeviereck ist heute nur noch ein Teil der beiden Nordtrakte erhalten. Die beiden Südflügel wurden im 19. und im frühen 20. Jh. durch ein Departement-Gefängnis ersetzt. Die vom Architekten Vitry in den 50-er Jahren errichteten beiden Flügel der Galerie der Apokalypse umschließen erneut den Hof und geben dem Palast seine ursprüngliche Form zurück. Anhand eines Außenturms kann sich der Besucher ein Bild vom damaligen Anblick des Palasts machen: Das Schlösschen König Renés bildet Richtung Süden das Ehrentor und stellt den einzigen Überrest des Westtrakts dar. Von den Gärten aus sieht man das flache Chorhaupt der großen Kapelle, mit zwei Strebepfeilern und einem großen gotischen Fenster, das in den 50-er Jahren restauriert wurde. Das Haupttor der Kapelle liegt an der Nordseite gegenüber den Lustgärten, die zwischen dem Palast und der Nordmauer angelegt wurden. Neben der Kapelle erhebt sich der merkwürdige Bau der von König René errichteten Galerie, die von drei Strebepfeilern unterteilt und von mit Wimpergen besetzten Giebeln bekrönt wird. Einer der Giebel schmückt die große Wendeltreppe des königlichen Wohntrakts. Über diese Treppe gelangte man direkt in die Gärten und zum Fischweiherhaus.

Die Kapelle

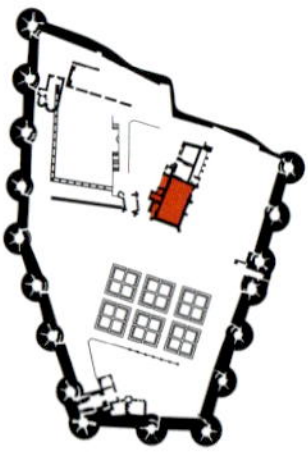

Der Portalvorbau wird von einem mit einer Kreuzblume besetzten Wimperg bekrönt und von zwei zierlichen Säulen flankiert, die auskragende überdachte Nischen tragen, in denen einst Statuen standen; Die Leibungen des Portalvorbaus sind mit Stuck geschmückt. Das vor 1410 von Ludwig II. errichtete Bauwerk besteht aus einem einfachen Kirchenschiff, das ein dreiteiliges Kreuzrippengewölbe „angevinischer Art" überspannt. Große gotische Maßwerkfenster lassen reichlich Licht ins Innere. Die Schlusssteine tragen das gemeinsame Wappen von Ludwig II. und Jolanthe von Aragon, das Wappen Ludwigs II. und das Kreuz mit Doppelbalken – ein Andenken der Reliquie des Wahren Kreuzes, das Ludwig I. nach Angers gebracht hatte.

Unter der Herrschaft König Renés wurde dieses Kreuz zum Wahrzeichen von Lothringen. Die Kapelle besitzt nur ein altes Fenster; es wurde 1950 bei den Restaurierungsarbeiten im Westen eingefügt. Ursprünglich stammt es aus der Abtei von Loroux, aus der es 1901 in das Archäologiemuseum von Saint-Jean übersiedelte. An der Seite der hl. Jungfrau knien, ins Gebet vertieft, König René und dessen zweite Gemahlin, Jeanne de Laval. Das aus der zweiten Hälfte des 15. Jh.s stammende Buntglasfenster ist von starkem Realismus geprägt.

Portalvorbau der Kapelle

Verziertes Tor der Kapelle (errichtet unter Ludwig II. von Anjou zu Beginn des 15. Jh.s)

Linke Seite
Innenraum der Kapelle Ludwigs II. von Anjou; Kreuzrippen-gewölbe „angevinischer Art“

Privatoratorium der Herzöge, rechts vom Chor; sämtlicher plastischer Schmuck wurde entfernt, doch sind dessen Spuren an den Wänden erhalten.

Schlussstein mit dem Wappen Ludwigs II. und Jolanthes von Aragon

Besonders bemerkenswert ist das im Südwesten an die Sakristei und eine Kapelle – die jeweils einen eigenen Eingang zur großen Kapelle besaßen – anschließende Privatoratorium der Herzöge. Dieser kleine Raum, eine nach innen geöffnete Loggia, ermöglichte es dem Herzog, der Messe beizuwohnen, ohne sich unter die Menge zu mischen. Nahe dem Chor besaß der Raum einen Kamin, der sich zur Kapelle hin über eine Tür öffnete, an die drei Dreipassfenster grenzten. Auf der Chorseite bildeten die prachtvollen Verzierungen eine plastisch und malerisch verzierte Tafel: Über einer mit drei hervortretenden Vierblättern geschmückten Brüstung waren drei mit Nasenwimpergen bekrönte Fenster angeordnet, die weiter oben in eine mit Dreipässen geschmückte Nischenreihe übergingen, die wiederum von einem Gesims mit halben Kleeblättern bekrönt wurde. Leider wurde sämtlicher plastischer Schmuck entfernt, als die Kapelle als Gefängnis diente. Doch sind sie als „Negativ“ erhalten; in den Einbuchtungen ist die rötliche Farbe erhalten. Der Herzog gelangte somit über den Innenhof direkt in sein Oratorium, ohne sich unter die Gläubigen mischen zu müssen, und konnte hier die Messe hören und die hl. Kommunion empfangen. Diese Art von Einrichtung war in den Kapellen der Fürsten oder Lehnsherren ab Ende des 14. Jh.s verbreitet, doch waren sie selten dermaßen reich verziert.

Großes gotisches Maßwerkfenster im Flamboyantstil

Rechte Seite
Erstes Geschoss der Galerie König Renés; der breite Flur war den Vergnügungen der Bewohner gewidmet.
Der im Vordergrund sichtbare Schlussstein trägt das Lothringer Kreuz.

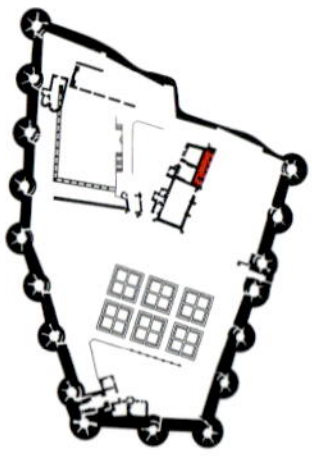

Die Galerie König Renés

Von der Nordfassade des ehemaligen Palasts ist neben der Kapelle die Große Galerie, die sog. „Galerie König Renés" sichtbar. Der König und Herzog von Anjou ließ sie um 1450 an den königlichen Wohntrakt bauen. Der Bau wurde in den 50-er Jahren nach Originalzeichnungen aus dem 18. Jh. komplett restauriert. Der damalige Architekt, Bernard Vitry, hielt sich bei der Erneuerung der ehemaligen Gemäuer an die noch erhaltenen Mauerreste. Die Galerie ist ein eindrucksvolles Beispiel der für die Vergnügungen des Prinzen und dessen Hofs errichteten Bauten, wie sie zwischen dem 14. und 18. Jh. zu Hunderten erbaut wurden. Die Galerie, die durch den Ausbau eines bereits existierenden Gebäudes entstand, besteht aus zwei breiten übereinander liegenden Fluren, die jeweils ein Kreuzrippengewölbe überspannt. Sie führen zu den beiden herrschaftlichen Geschossen des Gebäudes und besitzen je vier breite, hohe Fenster mit Doppelstabwerk und Querholz. Sie bieten einen herrlichen Blick auf die Gärten und die Veranstaltungen, die auf den zwischen dem Palast und dem Mauergürtel liegenden Turnierplätzen stattfanden. Zwischen den einzelnen Fensterläufen, die von mit Wimpergen bekrönten Giebeln abgeschlossen werden, nehmen Strebepfeiler die Last der Kreuzrippengewölbe auf.
Die Galerie sollte der Entspannung dienen; hier konnte man von den Privatgemächern aus herumschlendern und dabei das Geschehen in den Gärten beobachten.
Dort wo die Galerie an die Kapelle seines Vaters grenzt, ließ René eine große Wendeltreppe errichten und vervollständigte den Gesamtkomplex mit einem quadratischen Pavillon, ebenfalls bekrönt von einem Dreiecksgiebel. Die prachtvolle Wendeltreppe wird von einem herrlichen strahlenförmigen Kreuzrippengewölbe überspannt, das von reich mit Blattwerk verzierten Kapitellen gestützt wird. Die Inschriften auf den sechs Schlusssteinen erinnern mit dem Leitspruch Renés „EN/DI/EU/EN/ÇO/IT" an dessen starken Glauben an die göttliche Macht.

Rechte Seite
Gewölbe der Wendeltreppe der Galerie König Renés; die Schlusssteine tragen die Buchstaben des Leitspruchs König Renés: „EN/DI/EU/EN/ÇO/IT“.

Galerie König Renés; die Fenster der Garten- und Stadtfassade

Saal des königlichen Wohntrakts

Das Schlösschen König Renés

Geht man zurück zur Südostfront des Palastgebäudevierecks, stößt man auf das Ehrentor. Dieses Schlösschen, das zweifelsohne zwischen bereits bestehenden Gebäuden errichtet wurde, ist ein trapezförmiger zweigeschossiger Bau, der den Eingang überspannt. Auf Gartenseite wird das Bauwerk von zwei auskragenden, von Strebepfeilern gestützten Türmchen flankiert und von einem Giebel mit Wimperg bekrönt, dessen verschobener Mittelpunkt eine interessante Asymmetrie schafft. Die „Wachttürmchen" hatten lediglich eine symbolische Verteidigungsfunktion, genau wie das gedrückte, von einem spitzbogigen Wimperg bekrönte Tor.

An der Hofseite wird die Fassade von einem Treppenturm und einem Scharwachtturm flankiert. Dieses zierliche Bauwerk wurde um 1450 von König René errichtet und von dessen Sohn, dem Herzog von Kalabrien, bewohnt. Erst lange Zeit danach diente das Schlösschen als Gefängnis und Ende des 18. Jh.s als Unterkunft für die Mutter des Lieutenant du Roi. Der Bau ist für den Geschmack des Königs bezeichnend: Er erinnert an den Eingang eines ländlichen Herrenhauses angevinischen Stils, obgleich die auskragenden Türmchen mit ihren vertikalen Pilastern mit dem Palaststil flirten, der ab 1370 in Saumur verbreitet war. Sie lassen Parallelen zur antiken Baukunst erkennen, mit der René zweifelsohne während seines Aufenthalts in Italien in Berührung kam.

Der königliche Wohntrakt

Im ehemaligen Innenhof trifft der Besucher auf den Großen Saal. Linker Hand erheben sich die beiden vom Architekten Vitry errichteten Flügel. Rechts liegen der königliche Wohntrakt und die Kapelle.
Auch hier kam es zu großen Zerstörungen: Die beiden Wohnräume, die an den Großen Saal grenzten, sind nicht mehr erhalten. Zur Zeit der Herzöge wurde der Hof von der großen Kammer und dem Ratssaal, die etwas versetzt zum Großen Saal angeordnet waren, abgeschlossen. Das noch erhaltene Gebäude, an der Hofseite von einem rechteckigen Türmchen flankiert, barg den intimsten Bereich der Gemächer der Herzöge und Könige. Die Schieferfassade wird durch unregelmäßig angeordnete Fenster mit Fensterkreuz – unter Ludwig I. und dessen Nachfolgern sehr beliebt – durchbrochen; wahrscheinlich war die Fassade damals mit einem hellfarbigen Verputz verkleidet und somit weniger nüchtern. Im Nordwesten sind die Wunden der Umgestaltungsarbeiten erkennbar. Ein Tor und ein Bogen wurden zugemauert: Es handelt sich hier um die flüchtigen Spuren einer Wendeltreppe, die sich an der Ecke der beiden Trakte befand. Das Haus besitzt drei Geschosse, von denen jedes durch eine Zwischenwand, die die Kamine trägt, unterteilt wird. Jedes Obergeschoss besteht aus einem Prunkzimmer und einem herrschaftlichen Schlafgemach – letzteres liegt jeweils nahe der Kapelle. Im quadratischen Turm waren zweifelsohne die Garderoben und die Aborte untergebracht. Auf Hofseite bestand das zweite Obergeschoss aus Mansardenzimmern mit Dachgaube. Es handelte sich hier möglicherweise um die Etage der Königin, da der König das erste Obergeschoss für sich beanspruchte. Ursprünglich gab es keine externe Verbindung zwischen den beiden Räumen der jeweiligen Geschosse. Sie waren direkt miteinander verbunden, was jedoch nicht störend war, da die beiden Räume für ein und denselben Bewohner bestimmt wahren, im ersten Obergeschoss für den König und darüber für die Königin. 80 Jahre nach den Bauarbeiten Ludwigs I. ließ René im Norden die Galerie errichten, die neben ihrer Komfortfunktion auch als Außengang genutzt werden konnte.

Königlicher Wohntrakt und Kapelle, Westansicht; ursprünglich grenzte das Gebäude mit einem rechtwinkelig vorspringenden Gebäudeteil an den Großen Saal, dessen Gemäuer im Vordergrund sichtbar sind; die aktuelle Ansicht entspricht somit nicht der ursprünglichen Anordnung.

Linke Seite unten **Giebel und Ausschnitt eines Türmchens des Schlösschens**

Giebelwand des königlichen Wohntrakts

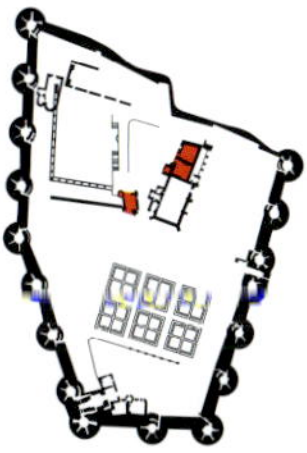

Westwand des Großen Saals vor dessen Zerstörung, Lithographie von Barassé, 1876 (Paris, Médiathèque du patrimoine)

Blendbogenwerk der Nordwand des Großen Saals (Mitte 12. Jh.) auf der über der Maine thronenden Terrasse

Der Große Saal

Im hinteren Teil des Innenhofs des Palasts, der über der Maine thront, erheben sich die Gemäuer des Großen Saals, der dem Dekor eines antiken Theaters gleicht und nahezu den gesamten freien Raum ausfüllt. Der mehr als 1000 Jahre alte Saal, der wiederholt dem Geschmack der jeweiligen Epoche angepasst wurde, stellt den Kern des Palasts dar.
Im Mittelalter war ein „großer Saal" ein beliebter Ort für offizielle und feierliche Veranstaltungen des Fürsten oder Lehnsherrn. Er diente zugleich als Bankett-, Gerichts-, Versammlungs- und Ballsaal. Hier zeigte sich der Fürst zu offiziellen Anlässen, empfing hohe Gäste und führte bei Zeremonien den Vorsitz. Die ursprüngliche Aula war innen 25,4 m lang und 12 m breit. Eine Datierung mit der C14-Methode des dem Mörtel entnommenen Radiokohlenstoffs lässt vermuten, dass der Bau aus dem 10. Jh. stammt. Im 11. Jh. wurde der Saal auf 40 m verlängert, die Breite blieb unverändert. Gleichzeitig erhöhte man die seitlichen Mauern und ersetzte die alten Fenstern durch neue romanische Öffnungen.
Das imposante Erscheinungsbild des Gebäudes spiegelte die wachsende Macht der Angevinischen Dynastie wider.

Die große Mauer mit den vier riesigen sechsteiligen Fenstern und den vier dazwischen liegenden kleinen Öffnungen, die sich im Hof erhebt, lässt

die Pracht, mit der die Herzöge von Anjou den Saal ausstatteten, nur erahnen. Man muss sich die Mauer um die Hälfte länger vorstellen, mit rosa- und gelbfarbenem Verputz, von dem sich die Kalksteinfensterumrahmung besonders gut abhebt, und mit einem Schieferdach mit getäfeltem Dachstuhl.
Die auf den Innenmauern erhaltenen Spuren lassen erahnen, wie der Saals vor der Epoche der Herzöge aussah. Einige Bogenüberreste im Mauerwerk zeugen von einem rechteckigen eingeschossigen Saal von 25 m Länge und 12 m Breite mit hohen Rundbogenfenstern (10. Jh.). Im 11. und 12. Jh. wurde der Saal vergrößert und die Anordnung der Fenster verändert. Die Mauer über der Maine mit ihren Blendrundbogen könnte auf diese Zeit zurückgehen. Möglicherweise existierte auf dieser Seite des Schlosses eine Galerie, die über dem Fluss thronte – jener gleich, die im Palast von Auxerre im selben Jahrhundert errichtet wurde. Zum Saal gelangt man nicht mehr durch das romanische Rundbogen-Kolossaltor, dessen auskragende Archivolte mit zwei Zierbänder tragenden Tori geschmückt ist. Bei den Umbauarbeiten ließen die Herzöge diesen Zeugen der dreihundert Jahre alten Pracht unberührt. Auf diese Weise konnten Sie den langen Bestand ihres Geschlechts hervorheben und somit ihre damalige Macht rechtfertigen. Doch stimmte dieses romanische Tor nicht mehr mit der inneren Gestaltung des Saals überein; die Herzöge von Anjou ließen den Fußboden heben, um darunter einen Keller mit kleinen Fenstern einzurichten. Ein neues Gesicht verliehen dem Saal die Herzöge von Anjou, indem sie große Fenster einbauen ließen. Im Südwesten wurde eine neue Giebelmauer mit einem riesigen Kamin von 5,4 m Breite errichtet. Verkleidet ist der Kamin mit einem flachen Kaminsims mit Überfangsegmentbogen. Daneben führt eine Tür zu einem Flur und zur großen Wendeltreppe. Hier muss sich der Besucher eine etwas erhöhte Estrade vorstellen, auf der der Prinz mit dem Rücken zum Kamin thronte. Durch die nahe Tür konnte er den Großen Saal betreten, ohne sich unter die Menge zu mischen.

Tor des Großen Saals (12. Jh.)

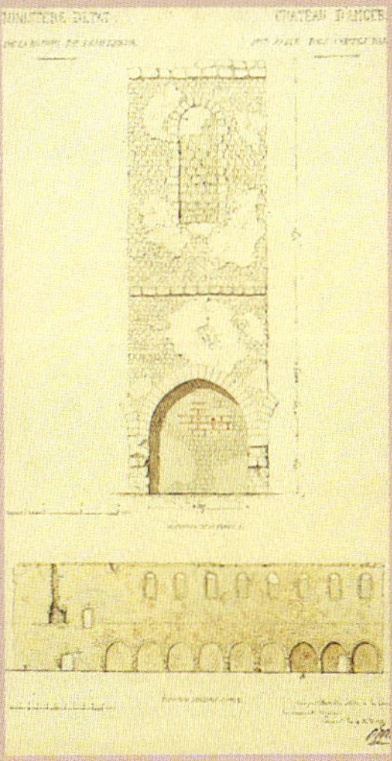

Außenansicht der nördlichen Seitenmauer und Ausschnitt eines Jochs des ehemaligen Grafensaals, Zeichnung von Joly-Leterme, 1858 (Paris, Médiathèque du patrimoine)

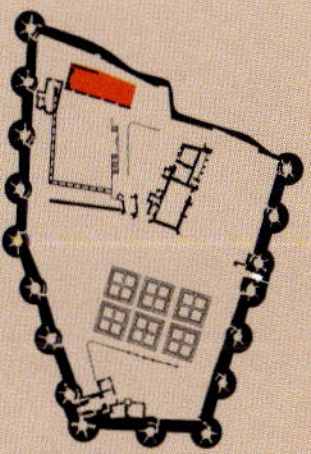

Plan der Westfassade des Grafenpalasts und angrenzende Räume, darunter das „Schwitzbad“, von J. Mastrolorenzo, AFAN

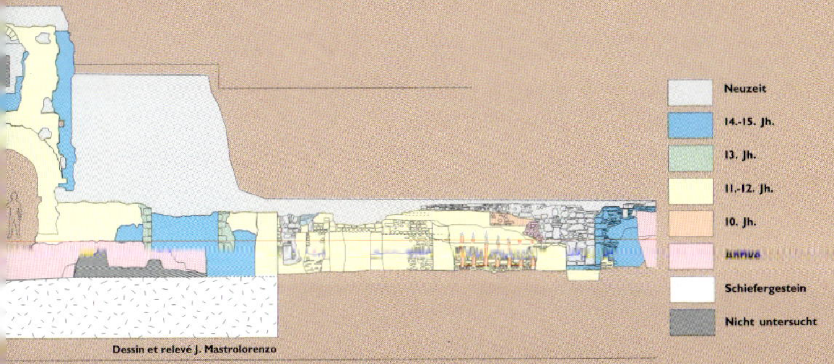

Basis der eindrucksvollen Wendeltreppe (14. und 15. Jh.), entdeckt an der Rückseite des Westgiebels des Großen Saals

Die große Wendeltreppe

Auf der Rückseite der Südgiebelmauer und des angrenzenden Flurs entdeckten die Archäologen einen kleinen Schatz der Baukunst, der jedoch bedauerlicherweise durch die im 16. Jh. durchgeführten Umbauten stark verunstaltet wurde. Es handelt sich um eine „große Wendeltreppe", d. h. eine eindrucksvolle, reich geschmückte Ehrentreppe, die Ludwig I. von Anjou zugeschrieben wird und zwischen 1360 und 1370 entstanden sein soll. Diese Treppe, die auf engem Raum zwischen dem Befestigungsgürtel Ludwigs des Heiligen, der Kapelle Saint-Laud und dem Großen Saal erbaut wurde, diente als Verbindungsweg zwischen der herrschaftlichen Estrade, der ehemaligen Kapelle und einem Gebäude, das sich an der Südwestecke der Burgmauer befand und bei den Umgestaltungsarbeiten Donadieus und Puycharics völlig entstellt wurde. Die Treppe führte möglicherweise auch zu einer Galerie über der Maine, eine Art Vergnügungsterrasse der Herzöge und deren Gefolge.
Von dieser Treppe ist der südliche Teil mit einem Segmenttor und einem kleinen rechteckigen Fenster, dessen torische Umrahmung auf einem mit Blumenmotiven geschmückten Gesims ruht, erhalten. Darüber befinden sich drei große rechteckige Fensteröffnungen. Dieses Stück Baukunst bringt einen bisher unbekannten Aspekt des Schlosses zu Tage: den Einfluss der sehr persönlichen Wünsche Ludwigs I. von Anjou bei den Umbauarbeiten. Um sich nach einem Bankett, einer Gerichtsverhandlung oder den Generalständen seiner Untertanen ausruhen zu können, ließ er hinter seiner Estrade im Großen Saal eine Ruhezone einrichten. Seine Architekten entwarfen die große Wendeltreppe als eigenständiges Bauelement, obgleich sie sich in einer Art Sackgasse befand.

Die Galerie der Apokalypse

Als das Schloss 1947 aus dem Armeebesitz ausschied, stellte sich die Frage nach der Unterbringung des Wandteppichs der Apokalypse. Das eindrucksvolle, von Ludwig I. von Anjou um 1374 in Auftrag gegebene Werk wurde von König René der Kathedrale von Angers vermacht. Dank der in den 50-er Jahren durchgeführten Restaurierung des Schlosses kann der Wandteppich, der bereits 1848 restauriert worden war, nunmehr in seiner vollen Pracht bewundert werden.

Die Große Galerie von 1950 bis 1954

Um einen würdigen Platz für den Bildteppich zu schaffen, errichtete der vom Denkmalschutz beauftragte Architekt Bernard Vitry an der Stelle der zerstörten Gebäude des Palasts zwei neue Trakte. Die Bauarbeiten wurden von Ausgrabungen begleitet, die jedoch schlecht dokumentiert wurden und somit viele Aspekte der ehemaligen Gebäude ungeklärt lassen.
Insgesamt gesehen wirkte sich der Bau dieser beiden Trakte positiv auf das Schloss aus: Sie gaben dem Palast seinen Innenhof zurück und wurden äußerst nüchtern – mit Bedacht auf den geschichtsträchtigen Ort – und doch in gewisser Weise modern gestaltet.
Nichtsdestoweniger wird ein Vorwurf laut: Der Architekt sah darüber hinweg, dass der Palast im Südwesten niemals den Umfassungsgürtel Ludwigs des Heiligen berührt hatte.
Die ehemalige galloromanische Burgmauer stellte von jeher die äußerste Grenze dar.

Der Wandteppich der Apokalypse in der Kathedrale von Angers zu Beginn des 20. Jh.s (Angers, Archives départementales du Maine-et-Loire)

Folglich existierte zur Zeit der Grafen, Herzöge und königlichen Gouverneure stets eine freie Zone zwischen dem Palast und dem Umfassungsgürtel Ludwigs des Heiligen.
Der Bildteppich der Apokalypse hängt nunmehr an der Innenseite der aus dem 13. Jh. stammenden Umfassungsmauer, und in der Galerie sind die Rundungen der nach innen auskragenden Befestigungstürme sichtbar – niemals waren in der gesamten Geschichte des Grafen- und Herzogspalasts diese Rundungen im Gebäudeinneren erkennbar.

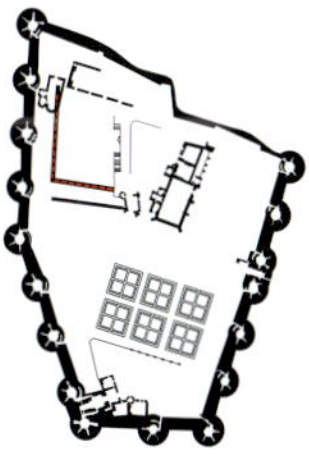

Galerie der Apokalypse, erbaut vom Architekten Bernard Vitry

Die Kapelle Saint-Laud

Die in den 50-er Jahren durchgeführten Bauarbeiten ermöglichten ein Freilegen der Überreste der galloromanischen Mauer sowie des Flankenturms der ehemaligen Burgmauer. Die Frage stellt sich, warum der Architekt diese Mauer als innere Stützmauer der Galerie bevorzugte, da sie doch die Außenmauer hätte darstellen sollen. Bei den Arbeiten kamen auch Überreste einer romanischen Kapelle zu Tage, der Kapelle Saint-Laud, die 1106 geweiht und im 12. Jh. erneuert worden war. Die Kapelle befand sich bis zum Bau des Umfassungsgürtels Ludwigs des Heiligen außerhalb der Burgmauer. Genauer gesagt wurde das Kirchenschiff in der inneren Grabenböschung an die Mauer angebaut, sodass die Kapelle lediglich im Südwesten des Altarraums eine Nebenapsis erhielt. Im Westen ist auf dem kleinen Platz, auf den die große herzogliche Wendeltreppe führt, der schöne romanische Portalvorbau erhalten. Das Rundbogenportal schmückt ein Archivoltenrelieffries aus der Mitte des 12. Jh.s. Der Portalvorbau war zweifelsohne von jeher vom Palast her zugänglich. Außerhalb der Burgmauer wurde das Gotteshaus aus Platzmangel errichtet.
Bei den vom Architekten Vitry geleiteten Restaurierungsarbeiten blieben die Reste dieser Kapelle erhalten. Haupt- und Nebenapsis sind mit kleinen Säulen geschmückt, deren Kapitelle und Basen hübsche stilisierte Motive tragen, was darauf schließen lässt, dass der Bau Mitte des 12. Jh.s errichtet wurde.

Linke Seite
Spiegelung und Transparenz zwischen der Kapelle Saint-Laud und dem Wandteppich der Apokalypse

Apsis der Kapelle Saint-Laud

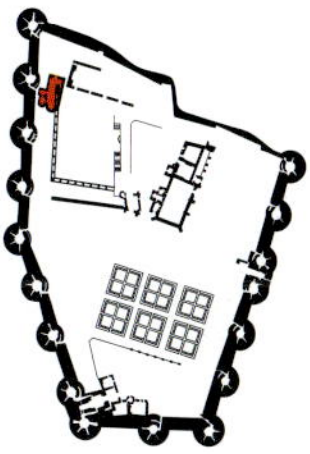

Die zwischen 1990 und 2000 durchgeführten Umbauarbeiten

Die von Vitry errichtete Galerie ist nicht nur für die Präsentation des Wandteppichs der Apokalypse von größter Bedeutung, sondern setzte auch die Überreste der gallo-romanischen Burgmauer und der Kapelle Saint-Laud ins rechte Licht. Bei jüngsten, vom Architekten Gabor Mester de Parajd geleiteten Renovierungsarbeiten im Innenraum der von Vitry gestalteten Außenhülle wurde die Präsentation des Wandteppichs erneuert. Die Konservierung des Teppichs machte eine Umgestaltung der Innenräume, der Beleuchtung und der Belüftung notwendig: Die Überreste der Kapelle Saint-Laud wurden mit Glasplatten überdacht, um der verhängnisvollen Zugluft ein Ende zu bereiten. Die Mauern der Galerie sind nunmehr voll und ganz in den Ausstellungsraum, dessen Ziel es ist, die Pracht des Wandteppichs hervorzuheben, miteingebunden. Neben dem prunkvollen Werk des 14. Jh.s sind jedoch auch die Burgmauern beachtenswert. Sie waren keinesfalls dazu bestimmt, als Ausstellungswand für einen Bildteppich zu dienen.
Die seltsamen Rundungen und die durch eine Glaswand abgetrennte Krypta sind ebenfalls Zeugen der architektonischen Entwicklungsgeschichte des Palasts.

Nachfolgende Doppelseite
Galerie der Apokalypse,
Ende des ersten Raums und Anfang des dritten

Die Ältesten fallen vor Gott nieder;
erster Teil, Bild 5, Rückseite, umgekehrtes Negativ

La numérotation des tableaux illustrés dans ces pages correspond à celle qui est utilisée dans l'actuelle galerie de l'Apocalypse.

Der Wandteppich der Apokalypse

Als der Wandteppich der Apokalypse 1954 von der Kathedrale von Angers, wo er mehr als vier Jahrhunderte im Dienste der hl. Liturgie gestanden hatte, in das Schloss, die ehemalige herzogliche Residenz, zurückkehrte, erhielt er seine ursprüngliche Funktion als Prunkstück der Macht der einstigen Prinzen von Anjou wieder.
Der Auftraggeber war Herzog Ludwig I., der Begründer des vierten Hauses Anjou der Kapetinger. Zwischen 1373 und 1380 entlehnte er seinem Bruder, dem König von Frankreich, Karl V., eine mit Bildern verzierte Handschrift als Vorlage für „seinen schönen Teppich“. Doch bereits ab 1377 weisen die Rechnungsbücher Ludwigs I. Zahlungen für die Ausführung des Bildteppichs aus, der um 1382 vollendet wurde.
Obgleich die Bücher unvollständig sind, werden drei Namen in Zusammenhang mit Entwurf und Ausführung des Werks erwähnt: Johann von Brügge, Hennequin genannt, – der Hofmaler wurde für die „pourtraitures et patrons“, d. h. die Entwürfe und möglicherweise einen Teil der Kartone bezahlt – sowie für die technische Ausführung Nicolas Bataille, „tapissier de Paris“ genannt, und Robert Poinçon, dessen Werkstätten möglicherweise einen Teil dieser

Vierte Posaune: der Adler des Unheils;
zweiter Teil, Bild 20, Ausschnitt, Rückseite, umgekehrtes Negativ

Die Schar der Auserwählten;
zweiter Teil, Bild 13, Rückseite, umgekehrtes Negativ

umfangreichen Arbeit an andere Ateliers weitergaben.
Die aktuellen Maße des Wandteppichs mit einer Länge von 103 m und einer Höhe von 4,5 m erscheinen außergewöhnlich.
Dabei handelt es sich hier lediglich um die Reste des Gesamtwerks, das ursprünglich aus sechs Teilen bestand, die jeweils 23,5 m lang und 6 m hoch waren. Die gesamte Länge betrug somit über 140 m. Diese Zahlen unterstreichen die Monumentalität dieses sechsteiligen Bildteppichs, der eine Handschriften entlehnte Ikonographie repräsentiert. Jeder dieser Teile umfasste 14 Bilder, die in zwei Reihen innerhalb eines Rahmengefüges mit Zierleisten imitierenden Unterteilungen und zwischen einem mit musizierenden Engeln belebten Himmel und einer blumenbewachsenen Erde angeordnet sind. Zu Beginn jedes Teils lädt eine große Figur unter einem Baldachin zum Lesen und zur Betrachtung der Szenen ein. Von den ursprünglich 84 existierenden Szenen sind 67 und einige Fragmente erhalten.
Diese Ikonographie verbildlicht die Visionen, die dem Apostel und Evangelisten Johannes Ende des 1. Jh.s, um 96 n. Chr., zuteil wurden und die er in einem Buch aufzeichnete, das den Titel *„Apokalypse"* trug und den letzten Text des Neuen Testaments darstellt. Es handelt sich um die Offenbarung verschiedener göttlicher Geheimnisse zum Kampf und Sieg Christi, des mystischen Lammes, gegen *„den „großen Drachen, die alte Schlange, die da heißt Teufel und Satan, der die ganze Welt verführt"*. Die zahllosen von Satan inspirierten Verführungs- und Verfolgungsszenen wechseln ab mit Drohungen und Heimsuchungen, die Gott sendet, um die Geduld der Gläubigen auf die Probe zu stellen, die dem Bösen verfallenen Menschen zu bekehren und die hartgesottenen Sünder zu bestrafen. Im dunklen Gewitterhimmel dieser ineinander verflochtenen Visionen lassen kurz aufleuchtende Blitze „wie durch ein aufgetanes Himmelstor" die Herrlichkeit der himmlischen Liturgie erkennen, die abgeschirmt ist von den Unruhen und Erschütterungen dieser Welt. Diese triumphalen und enthusiastischen Szenen sind unerlässlich, um die Katastrophen und Verfolgungen zu ertragen, die in unterschiedlicher Form im Bericht der Apokalypse unaufhörlich wiederkehren. Sie geben den Verfolgten die Gewiss-

Die reitenden Heerscharen;
zweiter Teil, Bild 23, Rückseite, umgekehrtes Negativ

Große Figur;
dritter Teil, Bild 26, Ausschnitt, Rückseite, umgekehrtes Negativ

Michael kämpft gegen den Drachen;
dritter Teil, Bild 34, Rückseite, umgekehrtes Negativ

heit des göttlichen Sieges, der sich in der Zerstörung „Babylons, der großen Hure", des Symbols des Reichs Satans, im Siegesritt des Wortes Gottes und in der Vision

Das Lamm auf dem Berg Zion; vierter Teil, Bild 46, Rückseite, umgekehrtes Negativ

Der Drache bekämpft die Knechte Gottes; dritter Teil; Bild 37, Rückseite, umgekehrtes Negativ

Die Anbetung des Bilds des Tiers; vierter Teil, Bild 44, Rückseite, umgekehrtes Negativ

des himmlischen Jerusalems, Stadt Gottes und der Auserkorenen, mystische Gemahlin des Lammes, verwirklicht. Die zahlreichen Allegorien, mit denen Johannes diese Visionen beschreibt, waren jedoch für die Ausdeuter und für die Künstler bei der plastischen Wiedergabe ein Hindernis. Deshalb ließ sich der Hersteller der Entwürfe des Wandteppichs weniger vom biblischen Text selbst als vielmehr von der ikonographischen Tradition leiten. Diese Tradition, die allmählich ab dem 4. Jh. entstand, entwickelte sich in der karolingischen Epoche und wurde im 13. und 14. Jh. in einer sog. anglofranzösischen Kunstströmung, die durch die Bebilderungen in den zahlreichen noch erhaltenen Handschriften gut dargestellt wurde, tiefgreifend erneuert. Der Wandteppich hat dieses ikonographische Erbe übernommen. Er ist jedoch von einem Stil geprägt, in dem der Einfluss der französisch-flämischen Künstlerkreise, zu denen Johann von Brügge gehörte, vorherrscht. Die Plastizität der Formen, der Realismus und der Reichtum der Details, die für den flämischen Einfluss bezeichnend sind, harmonieren mit den typisch französischen Merkmalen der Organisation, der Klarheit und der Einfachheit der Komposition.

Die Farben werden von abwechselnd blauem und rotem Hintergrund beherrscht und sind auf der Vorderseite durchwegs verblasst. Die durch ein Futter geschützte Rückseite enthüllt das Schillern der ursprünglichen Farben: warme Rottöne, tiefe Blautöne, goldfarbenes Gelb und auf der Vorderseite nicht wahrnehmbare Farben wie das Orange und vor allem die Grüntöne, die den Erdboden bedecken. Dazu kommen noch zahlreiche Nuancen, die den Reichtum der Palette des Malers und dessen Kunstfertigkeit bei der Wiedergabe von Volumen und Reliefs in der Ausführung der Schattierungen und der Modelle unterstreicht. Um all diese

Voranstehende Doppelseite
Der Untergang Babylons, das von Teufeln besetzt wird; fünfter Teil, Bild 66, Rückseite, umgekehrtes Negativ

plastischen Merkmale mit Wolle wiederzugeben, waren begabte Künstler erforderlich. Die angewandte Technik ist die der *„Tapisserie de lisse"*. Nirgends ist vermerkt, ob es sich um einen Haute- oder Basselissewebstuhl handelte. Die Höhe der verschiedenen Teile (6 m), deren Schaft senkrecht und die Kette waagrecht verläuft, lässt auf die außergewöhnliche Breite des verwendeten Webstuhls schließen. Bei sorgfältiger Untersuchung der verschiedenen Teile, ist die unterschiedliche Ausführung und die Art der angewandten Verfahren erkennbar. Die Perfektion ermisst man jedoch erst bei der Betrachtung der Rückseite, deren außerordentliche Sauberkeit – kein aufgegebener Faden, keine „Sprünge" von einer Fläche zur anderen, außer an den restaurierten Stellen – es erlaubt, den Behang als „Wandteppich ohne Rückseite" einzustufen. Somit waren bei Entwurf und Ausführung des Wandteppichs alle Bedingungen für die Verwirklichung eines Meisterwerks gegeben, als das er von Anfang angesehen wurde. Bereits 1380, noch vor dessen Vollendung, wurde er bereits als „schöner Teppich" anerkannt. Als der Bildteppich 1400 anlässlich der Hochzeit Ludwigs II., Sohn Ludwigs I. von Anjou, und Jolanthe von Aragon den Hof des erzbischöflichen Palais' von Arles schmückte, schrieb ein Bürger in einem Bericht zum Ereignis folgendes nieder: „Kein Mensch ist in der Lage den Wert, die Schönheit, die edle Ausführung dieser Stoffe zu beschreiben." König René, Herzog von Anjou, der 1480 verstarb, vermachte der Kathedrale von Angers „die schöne Tapisserie". Im Verzeichnis des Schatzes der Kathedrale scheint der Wandteppich daraufhin als „ganz und gar herrlicher Wandbehang von kostbarer Ausführung" auf. Nachdem er Ende des 18. Jh.s / Anfang des 19. Jh.s in Vergessenheit geraten war, wurde der nunmehr beschädigte Teppich mehrmals restauriert. Er gilt nach wie vor als eine eindrucksvolle plastische Wiedergabe der Vision des Johannes und als eines der schönsten Meisterwerke des französischen Kulturerbes.

Die Tiere werden in den feurigen Pfuhl geworfen; sechster Teil, Bild 70, Rückseite, umgekehrtes Negativ

Das neue Jerusalem; sechster Teil, Bild 73, Rückseite, umgekehrtes Negativ

F. M.

Räumliche Präsentation des Wandteppichs der Apokalypse

Wie auf einer „Estrade", die einem symbolischen und zugleich mystischen Turnier zwischen Gott und Satan dient, wird das Wahre Kreuz von Anjou (aufbewahrt in Baugé, Maine-et-Loire) zugleich mit dem Wappen *„Anjou moderne"* des Herzogs bei jedem „Kampf" auf dem „Turnierplatz" geschwungen.

Über die 1996 gewählte Gestaltung der Ausstellung kann sich der Besucher nunmehr ein Bild von der ursprünglichen Präsentation des größten noch erhaltenen Bildteppichs zu machen.
Die zahlreichen Auslegungen des Teppichs Ludwigs von Anjou waren meist religiöser Natur und behandelten kaum den ursprünglichen Zweck des Stücks. Aufgrund der wenigen Aufzeichnungen beruhen die verschiedenen Auslegungen lediglich auf Annahmen. Fünf der sechs gewebten Teile sind in der Ausstellungsgalerie durch eine weiße Webleiste auf dunkelblauem Hintergrund gekennzeichnet. Bei regelmäßiger Anordnung dieser riesigen Flächen in einem idealen Raum – ursprünglich unter freiem Himmel – könnte man darauf schließen, dass sich das Publikum in der Mitte des Teppichs und nicht vor einer Folge von Szenen befand. Diese Hypothese erleichtert das Verständnis des Textes aus der Apokalypse, der ursprünglich unter jede Szene der beiden Reihen gewebt war. Aufgrund der fehlenden Dublüre wäre der Text nur „im" Bereich des Teppichs und nicht in dessen „Umfeld" verständlich gewesen. Folglich ist also der vom Bildteppich geschaffene Raum von größerer Bedeutung als die Anordnung der Szenen, deren biblisches Thema dem Künstler, der mit dem Entwurf des Werks betraut war, vorgegeben wurde. Das Thema, dass er hier „in Szene bringt", steht zweifelsohne mit dem damaligen geschichtlichen Hintergrund in Zusammenhang: Die Dynastie Valois bekämpfte zu dieser Zeit die Nachkommen der Plantagenets, die einst Anjou beherrschten und den König von England stellten. Damals war es keineswegs verpönt, den Text der Apokalypse als Legitimierung der Dynastie und des Glaubens an den Sieg des Prinzen zu interpretieren. Ludwig I. von Anjou, der 1380 den Vorsitz im Regentschaftsrat des Königreichs inne hatte und den Ritterorden *„l'ordre de la Croix"* gründete, verehrte ganz besonders das Kreuz mit Doppelbalken aus dem Heiligen Land, das seit 1359 im Schloss aufbewahrt wird. Dieses Symbol erscheint am Anfang jedes Teils – es wird von einem Engel wie die Fahne eines Herolds zu Beginn eines Turniers geschwungen. Der Engel befindet sich über den zwei Bildreihen, von Leisten umrahmt; dieses rechtwinkelige Holzgefüge scheint der Überrest von sechs Gerüststrukturen zu sein, die einer auf dem Boden aufgebauten „Estrade" glichen. Waren die Teppiche erst einmal um den Zuseher herum aufgezogen, ergab sich der Eindruck eines Turnierplatzes, der für einen ritterlichen Kampf bestimmt war, dessen Zweck durch den biblischen Inhalt des Bildteppichs vorgegeben wurde.

L. H.

Linke Seite
Die Rekonstruktion einer Gesamtaufstellung, die Louis de Farcy in dessen Monographie der Kathedrale von Angers 1901 wählte, zeigt den homogenen Charakter der verschiedenen Teile auf.

Detailaufnahme der Rückseite, die anlässlich der letzten Restaurierungsarbeiten, die zwischen 1988 und 1998 unter der Leitung von Monsieur l'Abbé Ruais durchgeführt wurden: Der Drache bekämpft die Knechte Gottes, Teil 3, Bild 37; Große Figur, Teil 3, Bild 26; Die Ältesten fallen vor Gott nieder, Teil 1, Bild 5

Dieses Foto des Bildteppichs, das auf die 1883 von Carlier geleiteten Restaurierungsarbeiten zurückgeht, zeugt von der ersten Restaurierung durch den Chorherrn Joubert, bevor die alten Fragmente durch moderne Gewebe verbunden wurden.

Das Leben des hl. Maurilius (La Vie de saint Maurille); die letzte Szene dieses Wandbehangs, der bei Wanderteppichwebern in Auftrag gegeben wurde, zeigt den von Säulen umrahmten Bischof vor einer Kavalierperspektive von Angers.

Die Sammlung des Schatzes der Kathedrale

Neben dem Wandteppich der Apokalypse umfasst die Tapisseriesammlung der Kathedrale Saint-Maurice von Angers über 90 weitere Stücke, die im Schloss aufbewahrt und präsentiert oder zuweilen in der Kathedrale zur Schau gestellt werden. Zahlreiche Bildteppiche gingen während der Religionskriege (darunter der Wandbehang des Alten Testaments, ein Geschenk Karls VII.) oder im Laufe der Französischen Revolution verloren. Erhalten sind vom alten Schatz der 1617 in Auftrag gegebene Wandteppich *Das Leben des hl. Maurilius.* Als Ausstattung für die Prozessionen, insbesondere die Fronleichnamsprozession, kaufte die Kirche vereinzelte Stücke, die aus zerstörten Kirchen und Klöstern stammen. Diese Sammlung bildete zwischen 1910 und 1952 gemeinsam mit dem Wandteppich der Apokalypse das „Tapisseriemuseum" des ehemaligen Bischofssitzes. Unter den „Chorwandbehängen" des 16. Jh.s sind *Das Leben des Samson* (Brüssel) und *Das Leben des hl. Martins* erwähnenswert. Die etwas jüngeren Behänge, *Das Wahre Kreuz des hl. Saturnius und des hl. Johannes* sind besser erhalten. Neben den eindrucksvollen Arbeiten, *Verdure der Ardilliers* aus Saumur und *Die Osterluzeien* aus Audenarde, die von zahlreichen Fabeltieren bevölkert werden (16. und 17. Jh.), stellen zahlreiche Wandbehänge aus Aubusson Kartons dar, die bis ins 18. Jh. stark verbreitet

Verdure der Ardilliers (Verdure des Ardilliers); 16. Jh.

Die Osterluzeien (Les Aristoloches); 17. Jh.

waren. Die berühmten Wandteppiche mit Streublumenmusterung waren zur Zeit Karls V. besonders beliebt. Die gesamte Tapete ist mit Blumen- und Tiermotiven bedeckt. Einer der typischsten Wandbehänge, *Engel, Passionswerkzeuge tragend,* umfasst Gedichte in Form von Lamentationen, die René von Anjou zugeschrieben werden. Er soll für die Kapelle des Schlosses Verger, dessen Besitzer Charles de Rohan war, entworfen worden sein. Sein Wappen enthält das Zeichen der Witwerschaft, weshalb das Werk um 1515 datiert wird. Die drei erhaltenen Teile, die höfische Dichtung und Gottergebenheit vereinen, zeigen sieben kniende Engel, die Dalmatika und Cappa tragen, mit ausgebreiteten Flügeln aus Pfauen- oder anderen bunten Federn; sie halten die

Folterwerkzeuge Christi. Die berühmte *Dame an der Orgel (Dame à l'orgue),* die ebenfalls aus dem Schloss Verger stammt, bildet mit den *Engeln, Passionswerkzeuge tragend* ein stilistisch homogenes Ensemble. Ein weiteres Fragment aus einer *Legende der Tapferen (Légende des Preuses;* Brüssel) stellt die Amazone Penthesilea, mit einem

Wandbehang
Engel, Passionswerkzeuge tragend (Anges porteurs des instruments de la Passion)

Krummschwert bewaffnet, dar. Die besonders berühmte *Christuspassion,* die 1854 in Chinon gekauft wurde, stammt aus der Kirche Saint-Saturnin von Tours. Vier Anfang des 15. Jh.s datierte Teile, die nach Kartons ausgeführt wurden, die auch für andere, heute in alle vier Himmelsrichtungen verstreute Wandbehänge und Fragmente als Modell dienten, sind erhalten – darunter die Stickerei des hl. Bernhards in Romans-sur-Isère (16. Jh.): *Festnahme, Kreuztragung, Kreuzigung, Grablegung und Auferstehung.* Das Thema der „Mysterien“, das die „Passion von Angers“ veranschaulicht, steht insbesondere unter dem Einfluss der apokryphen Evangelien; in liturgische Gewänder gekleidete Chorherren folgen einer „Inszenierung“, die die theatralischen Praktiken der damaligen Zeit vor Augen führt.

L. H.

Wandbehang
Christuspassion (La Passion du Christ)
Wolle und Seide,
Ende 15. Jh.